Verhaftung bei der Spaziergangsdemo, Dezember 1966

Berlin 1967

Das »Hochzeitsbild«, März 1966

Rudi mit seiner Mutter, Frühsommer 1966

Bahman Nirumand, Rudi,
Herbert Marcuse, Klaus Meschkat, Sommer 1967

1966

Rudi und sein Freund Gaston Salvatore, Herbst 1967

Gretchen Dutschke

1968
Worauf wir stolz
sein dürfen

kursbuch.edition

INHALT

Für *Alexander*
Kalinka
Luna
Alfred
Asker
Luise
Julius

Vorwort

Man könnte mich eine »Wahldeutsche« nennen. Ich bin nicht in Deutschland, sondern in den Vereinigten Staaten geboren und war auch die längste Zeit meines Lebens Amerikanerin. Heute lebe ich wieder in Berlin und habe vor, hier zu bleiben. Doch durch Rudi Dutschke, einen der wichtigsten Sprecher der antiautoritären Bewegung in den 60er-Jahren, ist meine persönliche Geschichte mit der deutschen aufs Engste verbunden. Das ist der Grund, weshalb ich dieses Buch über die deutschen Kinder der Kriegs- und Nachkriegsjahre, die berühmt-berüchtigten »68er«, schreiben kann, ohne selbst eines von ihnen gewesen zu sein. Allerdings habe ich damals sofort die Gemeinsamkeiten mit der Situation in den USA erkannt. Denn auch dort war Anfang der 60er-Jahre eine Bewegung entstanden, die sich für eine demokratischere und offenere Gesellschaft starkmachte und die bestehende Bürgerrechtsbewegung (Civil Rights Movement) vorantrieb.

Ich schloss mich also sehr schnell diesen jungen deutschen Rebellen an, die bereit waren, sich den nachwirkenden Schrecken der Nazigeschichte zu stellen. Die Verwandlung Deutschlands in eine lebendige demokratische Gesellschaft ist vor allem ihr Verdienst – aller Kritik zum Trotz. Deshalb möchte ich »50 Jahre 1968« zum Anlass nehmen, Bilanz zu ziehen und Fragen nachzugehen wie: Wie hat der antiautoritäre Protest die

Bundesrepublik verändert? Was ist geblieben, was hat sich als Fehler oder Illusion erwiesen? Und: Was von alldem könnte geeignet sein, auch heute wieder eine kreative Protestbewegung zu entfachen, die sich den globalen Herausforderungen des 21. Jahrhunderts stellt?

Rudi und ich waren seit 1964 zusammen. Als seine Frau war ich aktiver Teil seines Lebens – und damit auch seiner Gedanken, Diskussionen und Ideale. Auch wenn wir Frauen es tatsächlich nicht leicht hatten mit den kampfbereiten Genossen, so waren wir doch mehr als eben nur das nette Begleitpersonal, auf das viele Historiker uns bis heute reduzieren. Ich war Rudi Dutschkes Partnerin und engste Vertraute, während er das tat, was wir glaubten, tun zu müssen – gemeinsam mit anderen jungen Menschen, die meisten noch in der Hitler-Ära geboren. Sie alle haben sich ein anderes Deutschland gewünscht, das sich von einem autoritären, immer noch vom Nationalsozialismus geprägten Land in eine lebendige Demokratie verwandeln sollte.

Geboren wurde ich 1942 in Oak Park, Illinois, kurz nach dem Eintritt der USA in den Zweiten Weltkrieg. Bei Kriegsende war ich gerade einmal drei Jahre alt, über bewusste Erinnerungen an diese Zeit verfüge ich nicht. Die Welt, in der ich fortan aufwuchs, wurde vom Kalten Krieg beherrscht, von der Konfrontation zwischen den atomar bewaffneten Supermächten USA und Sowjetunion.

Dieser schwelende Konflikt hatte tatsächlich massive Auswirkungen auf meine persönliche Existenz und wirkte in einer derart beklemmenden Weise beängstigend auf mich, dass er meinen Lebenslauf stark beeinflusst hat. Von Kindesbeinen an prägte man uns ein, dass die Sowjetunion uns zerstören wolle. Zur Bekräftigung des Bedrohungsszenarios ertönten regelmäßig die Luftschutzsirenen – seltsamerweise immer nur während der Unterrichtszeiten. Wir mussten uns dann umgehend unter unseren Tischen verstecken und zusätzlich den Kopf mit den Armen schützen.

Demgegenüber spielte der Zweite Weltkrieg für uns kaum eine Rolle, und auch Deutschland interessierte uns in den USA nicht sonderlich. Abgesehen vom Tag des 13. August 1961, als die Berliner Mauer gebaut wurde und der nächste »heiße« Krieg zwischen Ost und West auszubrechen drohte. Wenn die amerikanischen Medien über Krieg berichteten, dann ging es dabei, jedenfalls im Fernsehen, vor allem um den Krieg gegen Japan. »Japs« – so nannten wir die Japaner. Das Fernsehen zeigte die amerikanischen Fliegerstaffeln, die ihre endlosen Bombenteppiche auf Japan niederregnen ließen, als würden wilde Vogelscharen vom Himmel scheißen. So sah es für mich zumindest aus. Faszinierend zu sehen, wie diese vogelähnlichen Fluggeräte alle auf einmal losgelassen wurden, um ihr »Geschäft« zu verrichten. Gelegentlich gab es auch Bilder vom Angriff auf Pearl Harbor, dieser Komplettzerstörung des Hauptquartiers der US-Pazifikflotte durch japanische Kampfbomber am 7. Dezember 1941, die unmittelbar die Kriegserklärung der USA an Japan zur Folge hatte.

Wann ich also erfahren, geschweige denn verstanden habe, was Deutschland zwischen 1933 und 1945 getan hatte, daran kann ich mich nicht erinnern. Woran ich mich dagegen sehr gut erinnern kann, ist meine Lektüre des Tagebuchs von Anne Frank und mein intensives Nachdenken über die Frage, wie ich mich verhalten hätte. Ob ich den Mut gehabt hätte, das Leben von Menschen zu retten, die von den Nazis verfolgt wurden. Anders als viele andere Amerikaner war ich wohl nicht davon überzeugt, dass ich ganz automatisch Widerstand gegen die Tyrannei geleistet und moralisch einwandfrei gehandelt hätte. Das mag an meiner Verunsicherung gelegen haben, ob ich überhaupt mutig genug gewesen wäre, mich für Menschen in Gefahr einzusetzen. Insgeheim war ich wahrscheinlich froh, das nicht beweisen zu müssen.

Meine amerikanische Familie ist wie viele andere Familien in den USA teils deutscher Abstammung, doch auch das hatte für mich und meine Generation keinerlei Bedeutung. Unsere Vorfahren kamen im 19. Jahrhundert aus Europa in die USA. Meine Großmutter, die rätselte, ob ihr Vater womöglich jüdisch gewesen sein könnte, sprach nie über die Situation der Juden in und nach dem Krieg, ebenso wenig vom Völkermord an den europäischen Juden. Selbst in der High School, wo viele meiner Freunde Juden waren, haben wir niemals darüber gesprochen, und das, obwohl der Holocaust kaum mehr als ein Dutzend Jahre zurücklag. Stattdessen spukten in unseren Köpfen der gnadenlose Kommunistenjäger Joseph McCarthy und der Ausschuss für »unamerikanische Umtriebe« herum. Das war unsere finstere Gegenwart.

Gemeinsam engagierten wir uns für eine politische Identität in einer Welt, die uns vollkommen irre vorkam. Mein erster persönlicher »politischer Akt« bestand darin, gegen die Angst vor dem Ausschuss für »unamerikanische Umtriebe« anzugehen, indem ich mich einem Filmklub anschloss, in dem regelmäßig sowjetische Filme gesehen wurden. Selbstverständlich standen alle Klubmitglieder auf der berüchtigten Liste des Komitees.

Als ich an die Hochschule kam, war mein Hauptfach Philosophie, weshalb es wichtig für mich war, ein wenig Deutsch zu verstehen. Nach meinem Bachelor wollte ich mit der Philosophie weitermachen und plante bereits, für den angestrebten akademischen Grad eines Ph.D. Immanuel Kant auf Deutsch lesen zu lernen. Das war dann auch der ausschlaggebende Grund für mich, 1964 nach Deutschland zu reisen. Dort habe ich dann aus praktischen Gründen zunächst Theologie studiert.

Berlin war 1964 längst eine geteilte Stadt mit einer so gut wie unüberwindbaren, tödlichen Mauer. Paradoxerweise schien die Stadt gerade deshalb ein aufregender Ort zu sein. Sie war nicht zuletzt jener Ort, wo Adolf Hitlers Reichskanzlei stand und der Zweite Weltkrieg sowie die systematische Vernichtung der Juden geplant worden waren. Schon wenige Monate nach meiner Ankunft in Berlin traf ich den Mann, der mein weiteres Leben prägen sollte: Rudi Dutschke. Wir arbeiteten zusammen, diskutierten, wir liebten uns, planten und organisierten die Revolte gegen den Staat und seine Politik. Zwei Jahre später haben wir geheiratet.

Heute bin ich deutsche Staatsbürgerin. Die Entscheidung, es zu werden, fiel mir nicht leicht. Hätte ich als ein Teenager in den USA auch nur geahnt, dass ich jemals die deutsche Staatsbürgerschaft annehmen würde, wäre ich ziemlich schockiert gewesen. Aber, und das ist der entscheidende Punkt: Deutschland ist heute ein anderes Land. Grundlegend anders. Ein demokratisches, freies, weltoffenes Deutschland, auf das jeder einzelne Bürger stolz sein kann. Mich eingeschlossen. Und eben deshalb betrachte ich »1968« auch 50 Jahre danach als Erfolgsgeschichte der deutschen Nachkriegsrepublik, die ihresgleichen sucht.

Eine Kulturrevolution, wie sie durch die antiautoritäre Bewegung der 60er-Jahre initiiert wurde, lässt sich nicht nach Plan gestalten. Sie ist ein Prozess, der ständigen Änderungen unterworfen ist, je nachdem, welche Bedingungen sich aus der Entwicklung heraus ergeben. Genauso ändern sich die Ziele; sie entwickeln sich oder erweisen sich als nicht durchführbar. Und doch gibt es einen roten Faden, der es erlaubt, hier von einer Revolution zu sprechen. Für die antiautoritäre Revolution war dieser Faden die Demokratisierung der Gesellschaft.

Diesen Prozess möglich zu machen, war nicht einfach. Wir erlebten fantastische Fortschritte, aber auch bittere Enttäuschungen. Es gab amüsante Momente, aber mindestens ebenso viele schmerzhafte. Wir hatten aufregende Zeiten, die oft mitreißend und aufwühlend waren. Dies alles ist der Grund, warum ich meine Erinnerungen an diese Geschichte, die das Land bis heute prägt, noch einmal lebendig werden lassen will.

Ankommen in der Frontstadt des »Goldenen Westens«

Im Jahr 1964 kam ich auf einem rostigen Kohledampfer zusammen mit 40 Seeleuten und zwölf anderen Passagieren nach Deutschland. Er brauchte zwei Wochen für die Durchquerung des Atlantischen Ozeans. Als wir in Newport News ablegten, war allerdings noch nicht einmal klar, wo in Europa das Schiff überhaupt ankommen würde. Am Ende war es Antwerpen – immerhin: Ich war schon mal in Europa. Nach einer Übernachtung ging es mit dem Zug weiter nach Deutschland, genauer nach Bayern, nach Ebersberg östlich von München. Dort befand sich damals ein Goethe-Institut, in dem ich Deutsch lernen wollte.

Mein erster bleibender Eindruck von Deutschland: die wahnsinnig großen Waschbecken. So etwas hatte ich noch nie gesehen, das gab es in Amerika nicht. Auch die Fenster waren riesengroß. Ich hatte einen fantastischen Blick auf das oberbayerische Alpenpanorama, besonders an klaren, sonnigen Tagen. Mit den Einheimischen hatte ich keinen Kontakt. Dafür mit Afghanen und Menschen aus anderen Ländern, die wie ich im Goethe-Institut zu Gast waren. Einer der Afghanen, die ich damals kennengelernt habe, war Jahrzehnte später unter Premierminister Hamid Karzai Wirtschaftsminister in Kabul.

Ich hatte ein bisschen Geld von meinen Eltern bekommen sowie Ersparnisse, um den Deutschkurs zu finanzieren. Nach zwei Monaten schlug mir eine Französin, die neben dem Kurs als Animierdame in einem Münchner Klub arbeitete, vor, gemeinsam nach Berlin zu gehen. Keine Selbstverständlichkeit für eine Amerikanerin damals: Überall Kommunisten, und der Bau der Berliner Mauer lag erst drei Jahre zurück. Aber mit meinen 21 Jahren war ich bereit, mich auf dieses Abenteuer einzulassen, und so fuhren wir mit dem Zug nach Berlin, natürlich mitten durch die DDR. Die Soldaten mit ihren Hunden an der Grenze wirkten beängstigend – eine andere, eine deutlich dunklere Welt als Westdeutschland.

Da mein Geldvorrat sich allmählich dem Ende zuneigte, ging ich, in Westberlin angekommen, zur Bahnhofsmission am Zoo. Ich wusste, dass man dort umsonst übernachten konnte. Der riesige Saal war mit Betten vollgestellt, und es roch unangenehm. Um 22 Uhr musste man spätestens da und morgens ganz früh wieder draußen sein. Immerhin wurde davor noch Kaffee ausgeschenkt. Ein Mann, der in russischer Kriegsgefangenschaft gewesen war, hatte ein riesiges Brot dabei, das er mit uns allen teilte – das war unser Frühstück. Baden oder duschen konnte man in der Bahnhofsmission nicht, also nahm ich manchmal ein Hotelzimmer, um mich wenigstens hin und wieder gründlich waschen zu können. Einmal habe ich auch im Grunewald geschlafen. Ich legte mich im Wald unter einen Baum und schlief irgendwann ein. Plötzlich wurde ich durch ein Geräusch geweckt und sah neben mir einen Mann, der pinkelte. In meinem ersten Schrecken stieß ich einen überraschten Laut aus. Als der Mann mich dadurch entdeckte, schaute er mich mit großen Augen an und lief schnell weg. Das war die erste und letzte Nacht, die ich allein im Wald verbracht habe.

Am Tegeler See habe ich schließlich eine Arbeit gefunden. Mit dem Geld, das ich fürs Tellerwaschen bekam, konnte ich ein Zimmer in einem Haus mieten, dessen oberste Etage bei Luftangriffen der Alliierten weggebombt worden war. Noch knapp 20 Jahre nach Kriegsende sah man überall die Spuren der Schlacht um Berlin. Zwar war der Wiederaufbau der Stadt schon ganz gut vorangekommen, aber immer noch klafften in den Straßenzügen Lücken, sah man Ruinen und Trümmerreste zwischen schnell hochgezogenen Neubauten. Am Kurfürstendamm staunte ich immer wieder über die großherrschaftlichen Häuser, die den Bombenkrieg halbwegs heil überstanden hatten.

Auf dem Kachelofen in der Küche, meinem einzigen Wohnraum, lagen ein paar Kissen – das sollte mein Bett werden. Ich teilte mir die Küche mit einer anderen Frau, die immer erst um fünf Uhr morgens nach Hause kam. Ich wunderte mich darüber, bis ich erfuhr, dass sie eine Prostituierte war. Mein Kontakt zu den Berlinern, den Deutschen überhaupt, wurde allmählich intensiver. Eine verwitwete Frau, die mir anbot, bei ihr zu übernachten, war die erste Deutsche, die mir von ihrem Schicksal im Krieg erzählt hat. Ihr Ehemann, ein Schwarzer, war von den Nazis umgebracht worden. Sonst hörte man kaum etwas über die Jahre vor 1945, schon gar nichts darüber, was mit den Juden geschehen war.

Es lebten damals auffallend viele junge Deutsche und Ausländer in Westberlin. Die einen, weil sie der Wehrpflicht in Westdeutschland, die in Berlin nicht galt, entkommen, die anderen, weil sie von allerlei Berlin-Zulagen, die es vor allem für Verheiratete gab, profitieren wollten. Außerdem zog es eine bestimmte Art von Boheme, Straßenmaler, Musiker, Künstler, die später als »Gammler« beschimpft wurden, in die geteilte Stadt – an die vorderste Front des sogenannten Kalten Kriegs, gleichzeitig auch ein wenig ins Abseits der Geschichte, abgeschnitten vom Wirtschaftswunderland Bundesrepublik.

Eines Tages ging ich in das Restaurant Aschinger am Bahnhof Zoo – ein populäres Lokal in alter Berliner Tradition, in das schon Alfred Döblin den Franz Biberkopf aus seinem Roman *Berlin Alexanderplatz* von 1929 einkehren ließ. Legendär damals war, neben dem gut gezapften »Hellen«, die extrem günstige Erbsensuppe, die satt machte und die ich immer gerne aß. Dazu gab's Brötchen umsonst, so viel man wollte. Meine Taschen waren immer vollgestopft damit.

Wie so oft war ich auch an diesem Tag alleine hingegangen, kam aber schnell ins Gespräch, diesmal mit einem jungen Mann aus Italien, der mich einlud, zusammen mit seinen Freunden, die er gleich treffen wollte, ins Café am Steinplatz zu gehen. Das war damals ein beliebter Charlottenburger Treffpunkt, an dem besagte »Gammler« auf Philosophiestudenten und Jungmarxisten trafen; ein buntes Volk der Unangepassten, das in den sogenannten »gutbürgerlichen« Gaststätten nicht gelitten war. Die großen langen Tische dort waren dicht besetzt, und es war gar nicht so einfach, einen Platz zu finden. Eine einzige Lücke konnte ich erspähen. Der junge Mann, neben den ich mich setzte, trug eine kurze Lederhose und hatte mittellanges schwarzes Haar. Vor ihm auf dem Tisch lag ein Stapel Bücher in polnischer

Sprache. Ob er aus Polen komme, fragte ich ihn, nachdem ich mich gesetzt hatte, woraufhin er sagte: »Nein, aber ich lerne Polnisch, damit ich die Bücher im Original lesen kann. Ich heiße Rudi, Rudi Dutschke.«

Und so kamen wir ins Gespräch. In ein Gespräch, das dann einfach immer weiterging – unser ganzes gemeinsames Leben lang. Ich denke, es war Liebe auf den ersten Blick. Ja, ich hatte mich in Rudi verliebt, aber er gab mir nach einigen Wochen erst einmal einen Schuss vor den Bug: »Ich bin ein Revolutionär«, sagte er ernsthaft, »und ein Revolutionär muss die Revolution machen.« Der russische Anarchist Sergei Netschajew habe einmal gesagt, dass der Revolutionär mit der Revolution verheiratet sei und es deshalb in dessen Leben keinen Platz gebe für eine Frau. Rudi begleitete mich noch zum Bahnhof Zoo, wo wir uns in den Armen lagen, bis der Zugschaffner die Türen schloss. Tief enttäuscht kehrte ich für acht Monate nach Amerika zurück.

Dann kam endlich ein Brief aus Deutschland – ohne Absender. Doch von wem, außer von Rudi, konnte er sein? Mit zitternden Händen öffnete ich das Kuvert und wagte kaum, den Inhalt zu lesen. Es sei meine Entscheidung, stand da, ob ich zurückkommen wolle, er jedenfalls habe nichts dagegen, wenn ich wieder nach Berlin und zu ihm käme. Das war nicht gerade eine euphorische Liebeserklärung – trotzdem packte ich meine Sachen.

So war Rudi. Selbst lange private Briefe an gute Freunde begann er mit einer Analyse des aktuellen Kräfteverhältnisses zwischen Revolution und Konterrevolution. Er war offen und freundlich zu jedermann, gleichzeitig aber sehr ernst und entschlossen, Deutschland und die Welt zu verändern.

Geboren und aufgewachsen im brandenburgischen Luckenwalde südlich von Berlin hatte er am 11. August 1961 alles andere als freiwillig sein Elternhaus verlassen und war nach Westberlin gezogen. Schon zwei Tage später wurde die Mauer gebaut. Er hatte es also gerade noch geschafft, bevor der bis dahin massiv anschwellende Flüchtlingsstrom von Ost nach West abrupt und brutal gestoppt wurde. Bis zu dem Zeitpunkt war er immer zwischen Ost und West gependelt, zwischen Luckenwalde, wo seine Mutter den für ihn besten Pflaumenkuchen der Welt buk, und dem Askanischen Gymnasium in Tempelhof, wo er seine Abiturprüfung noch einmal ablegen musste, weil das DDR-Abitur im Westen nicht anerkannt wurde.

Während der Sommermonate 1961 kursierten Gerüchte, dass etwas Schlimmes geschehen werde. Es hieß, große Zementlieferungen seien nach Ostberlin unterwegs, und so mahnte Rudis Mutter zum schnellen Wechsel in den Westen, wo es ab dem Wintersemester für Rudi mit dem Soziologiestudium losgehen sollte. In der DDR war ihm wegen Verweigerung des Wehrdienstes und seiner Mitgliedschaft in der evangelischen Jungen Gemeinde eine akademische Laufbahn versperrt. Auch seinen Traum, Sportjournalist zu werden, hatte er aufgeben müssen. Als Jugendlicher war er aktiver Sportler gewesen, hatte, wie sein Bruder erzählte, sein ambitioniertes Training an zum Teil selbst zusammengebauten Geräten absolviert und bei Jugendsportwettbewerben viele Preise – im Mai 1959 wurde er sogar Bezirksmeister im Stabhochsprung – abgeräumt. Seinen letzten Zehnkampf bestritt er 1960.

Ein Schulparteisekretär hatte kolportiert, das FDJ-Mitglied Rudi Dutschke habe geäußert, wenn er das Wort schießen höre, laufe es ihm »kalt über den Rücken«. Bedeutete: Er galt als gefährlicher Pazifist, der dem revanchistischen westdeutschen Adenauer-Regime nicht mit der Waffe in der Hand entgegentreten wollte. Eineinhalb Jahre später, als Rudi eine Lehre zum Industriekaufmann beim VEB Beschläge Luckenwalde absolvierte, hielt die Staatssicherheit fest: »Es wird eingeschätzt, dass D. in politischer Hinsicht desinteressiert war.« Eine herrliche Ironie der Geschichte. Weil ihn die marxistisch-leninistischen Bekenntnisrituale in der Staatsbürgerkunde schlicht anödeten, gehörte er aus Sicht der Stasi zur Sorte der unpolitischen Menschen.

»Du, ich bin mit Sicherheit schnell zurück«, versprach er seiner Mutter noch am 11. August 1961. »Eure Befürchtungen sind völlig unbegründet. Ich will doch unbedingt bald wieder mit den Brüdern unsere Pflaumen von den Bäumen runterholen, damit du deinen herrlichen Pflaumenkuchen machen kannst.« Doch daraus wurde nichts. Der unvergessene Satz von Walter Ulbricht »Niemand hat die Absicht, eine Mauer zu bauen« erwies sich als eine der dreistesten Lügen der Weltgeschichte. Von einem Tag auf den anderen wurden Hunderttausende Familien getrennt, auch die Dutschkes. Rudi schrieb: »Die familiäre Schnur riss, Eltern und alle drei Brüder verblieben. Ein neuer Lebens- und Lernprozess hatte zu beginnen. Ich landete mit 21 im ›Goldenen Westen‹.«

Fast ebenso abrupt änderte die dann doch gebaute Mauer den öffentlichen Diskurs im Westen. Während bis dahin Ursa-

chen und Folgen des Krieges – Hitler-Faschismus und Antisemitismus, Wiederaufbau und Frieden – bestimmende Themen
für die kritische Intelligenz, wenn nicht für die gesamte Bevölkerung waren, forcierte der Mauerbau die Diskussion über die
beiden Deutschlands, ihre unterschiedlichen Systeme und – vor
allem – die Konfrontation zwischen Ost und West. Nicht dass
die anderen Fragen völlig in Vergessenheit geraten wären, aber
angesichts der durchaus brisanten Situation schien es eindeutig
Drängenderes zu besprechen zu geben. Die Reaktion der jungen
Generation auf die neue Bedrohung durch den Kalten Krieg lautete entschieden: Nie wieder Krieg! Dieser feste Grundsatz in
ihren Köpfen begann, ihr politisches Handeln zu inspirieren und
zu bestimmen.

Drei Jahre später saß Rudi mit seinen Freunden fröhlich im
Café am Steinplatz. Anschließend gingen wir alle zusammen in
einen Western mit John Wayne. Da mich meine drei Kopfkis-
sen auf der Herdplatte in Charlottenburg absolut nicht lockten,
folgte ich dem Vorschlag der Gruppe, nach dem Film in Rudis
Dachbodenzimmer in Schlachtensee zu gehen und dort zu
übernachten. Streng genommen war das damals verboten. Der
ominöse »Kuppeleiparagraf« stellte jegliches »Verbrechen und
Vergehen gegen die Sittlichkeit« und »sexuelle Handlungen außerhalb der Ehe« als »unzüchtig« unter Strafe. Eine absurde
Strafbestimmung, die erst 1974 abgeschafft wurde. Wir hatten
jedoch Glück an dem Abend: Die Vermieter waren verreist.

Von Anfang an habe ich die außergewöhnliche Intensität von
Rudi gespürt, seine besondere Art zu reden, getrieben von Revo-
lutionstheorien aus aller Welt, die er regelrecht aufsog. Vielleicht

war dieses Engagement für die Revolution seine Art, mit den ungeheuren Verbrechen der Naziherrschaft umzugehen. Was geschehen war, ließ sich nicht mehr rückgängig machen. Doch er sah die Möglichkeit, durch eine radikale Umgestaltung der Gesellschaft die Bedingungen dafür zu schaffen, dass sich ein derartiger Zivilisationsbruch nie mehr ereignen kann. Um aber genau dies zu erreichen, so sein Gedanke, dürfe man sich nicht allzu sehr in die Schreckensgeschichte des Holocaust vertiefen. Denn ein derart schmerzhafter und jahrelanger Prozess würde jene kreativen und optimistischen Kräfte binden, die für eine zukunftsorientierte Protestbewegung unabdingbar seien.

In manchen Ohren mag das fast zynisch klingen, Rudi hatte aber letztlich recht damit: Jede Revolte ist nach vorne gerichtet, sie findet in der Gegenwart statt, auch wenn die Vergangenheit präsent ist. Natürlich spielte der Auschwitz-Prozess 1963 in Frankfurt am Main eine wichtige Rolle, und im Laufe der folgenden Jahre wurden immer wieder Richter und andere Amtsträger des Naziregimes, die wie selbstverständlich neue Positionen in der Bundesrepublik ergattert hatten, bloßgestellt und attackiert – so der ehemalige Richter am »Volksgerichtshof«, Hans-Joachim Rehse, der an Hunderten von Todesurteilen mitgewirkt hatte. Der Bundesgerichtshof verwarf eine Verurteilung dieses Nazirichters mit der Begründung, dass die Beweisführung des Volksgerichtshofs sich »im Rahmen sachlicher Überlegungen gehalten« habe. Wenn man also von Zynismus reden kann, dann hier.

Was wir damals in der ganzen Dimension nicht wissen konnten: Tausende Nazitäter, Mörder und Verbrecher lebten unerkannt in Amt und Würden unter uns. Dutzende SS-Führer hatten im Bundeskriminalamt ähnliche Funktionen übernommen, die sie bei der Kripo in Heinrich Himmlers »Reichssicherheitshauptamt« oder der »Geheimen Feldpolizei« innegehabt hatten. Noch im Jahr 1959 waren von 47 leitenden BKA-Beamten nur zwei ohne aktive Nazivergangenheit. Für eine vom SDS initiierte und zwischen 1959 und 1962 an vielen Hochschulstandorten gezeigte Wanderausstellung über die »Ungesühnte Nazijustiz«, war jede Menge Aktenmaterial fotografisch dokumentiert und zusammengestellt worden, das Aufschluss gab über ehemalige NS-Juristen, die trotz ihrer Vergangenheit noch im aktiven Dienst waren. Die Ausstellung und die parallel dazu organisierten politischen Aktionen sorgten denn auch für entsprechende öffentliche Aufmerksamkeit und zogen eine ausführliche Berichterstattung im In- und Ausland nach sich.

Auch Rudi selbst spürte den Druck, den diese schwer belastete Vergangenheit erzeugte, zumal sein eigener Vater selbst Soldat der deutschen Wehrmacht gewesen und erst 1949 aus der sowjetischen Kriegsgefangenschaft zurückgekehrt war. Der Vater hat – wie viele andere Kriegsteilnehmer auch – kaum darüber gesprochen, und Rudi hat nicht viel gefragt. Vielleicht wusste er auch gar nicht, was er fragen sollte. Es gab ja kaum jemanden, der wirklich darüber reden wollte.

Jetzt, da »alles vorbei« war, wollte man vergessen. Es ging nur noch darum, Deutschland wiederaufzubauen: die Trümmer wegzukarren, Wohnungen zu bauen, die Wirtschaft wieder in Gang zu bringen. Das beharrliche Schweigen über Juden und ihre Vernichtung hielt zwar wahrscheinlich die Verbreitung des Antisemitismus in der jungen Generation in Schach. Andererseits blieben die jungen Menschen mit dem, was sie doch unvermeidlich erfahren haben, auch allein. Wie damit zurechtkommen, dass in ihrem Land solche Verbrechen begangen worden waren? Manfred Scharrer beschrieb, wie viele aus dieser Generation fühlten: »Der große Auschwitzprozess fand in Frankfurt vom 20. Dezember 1963 bis zum 20. August 1965 statt. Unter der Nachkriegsgeneration begann ein Bewusstwerden der Nazibarbarei. Fragen drängten sich auf. Entsetzen und Wut breiteten sich aus, Wut auf die Täter und Väter, Rachegelüste und auch Verzweiflung.« Rudi schrieb dazu: »Meine christliche Scham über das Geschehene war so groß, dass ich es ablehnte, weitere Beweisdokumente zu lesen.«

Dieses deutsche Drama war ein starkes Motiv für den beginnenden Kampf der jungen Generation, die Welt zu verändern. Auch für Rudi. Aber seine Familie hat nicht wirklich verstanden, warum er als Einziger so getrieben war. Sein christlicher Glaube hat sicher das Seine zu dieser Willenskraft, die tatsächlich kaum Grenzen kannte, beigetragen. Es mag etwas seltsam klingen, aber sein Leitmotiv war tatsächlich die christlich geprägte Nächstenliebe.

Rudi bekannte sich offen zu einem christlichen Sozialismus: Er war aktives Mitglied der vom Staat oft bedrängten »Jungen Gemeinde«, in der die ihn prägenden christlichen Grundüberzeugungen vermittelt wurden. Auch sie machten einen Großteil seines Charismas aus – neben seiner Stimme, die immer etwas Vorwärtsdrängendes, Suggestives hatte. Noch seine ärgsten Kontrahenten, ob von links oder rechts, haben seine Offenheit, Neugier und Freundlichkeit hervorgehoben. Bommi Baumann, der Berliner Lehrling, der in den 70er-Jahren mit der »Bewegung 2. Juni« in den militanten Untergrund abdriftete, sah in Rudi den »abgefahrenen Typ«, der »auf seinem Level echt ein higher Typ« gewesen sei und dessen Reden immer so abstrakt waren, dass kein Mensch sie verstanden habe. »Aber er hat eben die Power, hast du sofort gemerkt, der ist in Ordnung, der geht genauso wie du durchs Feuer.«

Die Sehnsucht nach der Revolution

Nach dem 2. Juni 1967 dachte Rudi eine Zeit lang ernsthaft, dass von Berlin eine Revolution ausgehen könnte, die West wie Ost erfasst. Diese Idee, die er wenig später selbst verrückt fand, ging zurück auf ein langes Gespräch mit Hans Magnus Enzensberger und anderen für das *Kursbuch*. Nach Übernahme der politischen Macht, so die Vorstellung, sollte eine Gesamt-Berliner Räterepublik errichtet werden, also in Ost und West zugleich, ohne Mauer, dafür mit »Lebenszentren« und »Räteschulen«, die einen »Lernprozess durch die verschiedenen Produktionssphären« hindurch in Gang setzen. […] Das heißt, ganz Berlin wäre eine Universität, wir hätten eine lernende Gesellschaft.« Vorher hätte man natürlich noch die politische Macht übernehmen müssen. Der SDS-Genosse Christian Semler wollte gleich noch die gesamte Justiz abschaffen, deren Aufgaben neue Technologien übernehmen würden. Wie genau das vonstattengehen sollte, sagte er nicht.

Es war die Zeit der großen, optimistischen Fortschrittsutopien, die heute, in Anbetracht von Klimakatastrophe und Terrorangst, so kaum mehr nachvollziehbar sind. Dazu passte der geradezu entfesselte Lern- und Wissenseifer, der diese gesamte Zeit kennzeichnete. Es wurde ungeheuer viel gelesen – natürlich auch von Rudi, der Bücher verschlang wie andere belegte Brötchen: historische Bücher über die Russische Revolution, über den Spanischen Bürgerkrieg der 30er-Jahre, natürlich Karl Marx und Friedrich Engels, aber auch Max Horkheimer, Theodor Adorno, Herbert Marcuse, Wilhelm Reich, Sigmund Freud, Jean-Paul Sartre und Martin Heidegger, aktuelle soziologische Werke und Texte alter Anarchisten wie Pjotr Kropotkin, Michail Bakunin und Pierre-Joseph Proudhon und auch amerikanische Linke wie die Ökonomen Paul A. Baran und Paul Sweezy.

Das erste Buch, das mir Rudi in die Hand drückte, war ein Reclam-Bändchen von Ernst Blochs Schrift *Thomas Müntzer als Theologe der Revolution*. Müntzer, 1525 gefangen genommen, gefoltert, öffentlich enthauptet und aufgespießt, war ein früher Reformator, der führend an den Bauernkriegen gegen die Unterdrückung durch Adelsherrschaft und Papstkirche beteiligt war. Leider verstand ich von dem Buch zunächst sehr wenig, weil mein Deutsch dafür noch nicht gut genug war. Aber Rudi war fest davon überzeugt, dass nur eine komplexe Sprache einer komplexen Wirklichkeit und ihren Problemen gerecht werden könne und man sich darin schulen müsse. Ich versuchte, ihm klarzumachen, dass seine Ansprüche und sein Niveau passend seien für Uniseminare, eine breitere Masse aber damit sicher nicht zu erreichen sei.

Später hat er selbst versucht, einfacher und verständlicher zu reden, was ihm allerdings bei all den theoretischen Abstraktionen nicht immer gelang. Aber selbst wenn er sehr abstrakt formulierte, war er von einer Suggestivkraft, die seine Worte überzeugend klingen ließen. Dabei hatte er immer die Praxis im Auge, denn eine Theorie ohne praktischen Bezug zur Realität hängt in der Luft wie trockenes Laub.

Dennoch blieben viele der Entwürfe im Bereich des Utopischen und Theoretischen, aber Rudis Haltung war charakteristisch für die damals entstehende »neue Linke«: Wie genau ein sozialistisches Wirtschaftssystem jenseits des Kapitalismus und der real existierenden staatskommunistischen Planwirtschaft in Sowjetunion und DDR aussehen sollte, konnte niemand sagen. Aber, so die Hoffnung, es würde sich im künftigen Prozess der gesellschaftlichen und politischen Umwälzung gleichsam von selbst herauskristallisieren – in Richtung einer, mit Marx formuliert, »Assoziation freier Produzenten«. »Er war Optimist«, schrieb Rudis Biograf Jürgen Miermeister. »Er wollte einer sein. Und so suchte und fand er Sätze, die ihn zur Praxis ermutigten. Marcuse etwa sprach von ganzen Schichten, die nicht integriert seien in die Eindimensionalität der Demokratie.«

Der in Kalifornien lebende Philosoph Herbert Marcuse, Emigrant aus Nazideutschland, lieferte in seinem 1964 erschienenen Buch *Der eindimensionale Mensch*, das zu einer Bibel der Bewegung werden sollte, die zentrale Begründung für eine Revolte gegen die westliche Konsumgesellschaft: »Ihre Produktivität zerstört die freie Entwicklung der menschlichen Bedürfnisse und Anlagen, ihr Friede wird durch die beständige Kriegsdrohung aufrechterhalten, ihr Wachstum hängt ab von der Unterdrückung der realen Möglichkeiten, den Kampf ums Dasein zu befrieden.« Die »alles beherrschende technologische Rationalität«, so Marcuse, habe geradezu »totalitäre Züge« angenommen, während der größte Teil der Gesellschaft durch Massenkonsum und politische wie mediale Manipulation unter Kontrolle gehalten, gleichsam ruhiggestellt werde.

Theodor W. Adorno, einer der Hauptvertreter dieser Kritischen Theorie, ergänzte diesen Befund mit radikaler Konsequenz: »Mit dieser Welt gibt es keine Verständigung. Wir gehören ihr nur in dem Maße an, wie wir uns gegen sie auflehnen. Alle sind unfrei unter dem Schein, frei zu sein.«

Solche theoretischen Analysen waren Bezugspunkt und Impuls auch für den praktischen Aufbruch der kritischen jungen Generation. In der Berliner Mikrozelle der »Subversiven Aktion«, die ihrerseits aus der ehemaligen »Situationistischen Internationale« hervorgegangen war, sammelte Rudi erste Aktionserfahrungen. Es war die erste politische Gruppe, der Rudi sich zusammen mit seinem damaligen Freund Bernd Rabehl 1963 anschloss. Hier kam er auch erstmals in Kontakt mit Dieter Kunzelmann. Und in dieser Zeit begann seine intensive Beschäftigung mit den Theoretikern der Frankfurter Schule Max Horkheimer, Theodor W. Adorno, Erich Fromm und anderen.

In einem Brief zum »Münchner Konzil« der Subversiven Aktion, deren führender Münchner Kopf der spätere Kommunarde Dieter Kunzelmann war, schrieb Rudi im April 1965: »Genehmigte Demonstrationen müssen in die Illegalität überführt werden. Die Konfrontation mit der Staatsgewalt ist zu suchen und unbedingt erforderlich. […] Künstliche Radikalisierung, d. h., aus nichtigen Anlässen unbedingt etwas machen zu wollen, ist unter allen Umständen abzulehnen.«

Doch zunächst ging es um Kritik an den bestehenden Verhältnissen, freilich eine Kritik, die »in Aktion umschlagen« sollte. Die Subversive Aktion betrieb genau das: Entlarvung und Provokation, das Aufsprengen des »Verblendungszusammenhangs« (Adorno), der die Menschen daran hindere, ihre Lage zu erkennen. Und welches Ziel eignete sich besser als die Tagung des Bundes Deutscher Werbeleiter und Werbeberater am 5. Mai 1964 in der Stuttgarter Liederhalle?

Hunderte Flugblätter flatterten von der Empore, ein »Aufruf an die Seelenmasseure«: »IHR suggeriert den Leuten die Bedürfnisse ein, die sie nicht haben! IHR stopft sie voll mit Produkten, damit sie sich ihrer wahren Bedürfnisse nicht mehr bewusst werden!« Zwar wurden die Aktivisten der Subversiven festgenommen, doch bald wieder freigelassen. Es war ja auch nur eine symbolische Aktion gewesen. An ihr aber zeigte sich schon, dass da stets ein schmaler Grat war zwischen einer eher spielerisch-sarkastischen Provokation und einem handfesten Aufruf, ein Kaufhaus zu stürmen und die Waren auf der Straße zu verteilen, wie Kunzelmann es einmal vorschlug.

So war die Frage von Illegalität, die letztlich auch eine von Gewaltanwendung war, von Anfang an ein wichtiger und schwieriger Aspekt in der Entwicklung der antiautoritären Theorie. Oft genug haben Rudi und ich zu Hause oder zusammen mit anderen darüber diskutiert. Welchen Stellenwert sollte Gewalt überhaupt einnehmen, gab es Formen der Gewalt, die als akzeptabel gelten konnten, und ab wann waren sie es definitiv nicht mehr? Es kam nie zu einer einheitlichen, schon gar nicht einfachen Antwort auf diese Frage. Diskutiert wurden in diesem Zusammenhang die Befreiungsbewegungen in der Dritten Welt, aber auch der geschichtliche Hintergrund in Deutschland, ob und inwieweit die Situation in Deutschland 1965 mit der von 1918 zu vergleichen war.

Letztlich war diese Frage untrennbar verbunden mit dem Konzept, das im Kern auf das »Bewusstsein der Massen« zielte. Aber was dachten, fühlten und wollten diese »Massen«, also die Mehrheit der Deutschen eigentlich? Damals war das Wirtschaftswunder in vollem Gange. Alles schien nur noch aufwärtszugehen: Wirtschaftswachstum, mehr Konsum, mehr Arbeitsplätze. Bundeskanzler Ludwig Erhard, der gerade Konrad Adenauer im Amt beerbt hatte, legte sein »Gesetz zur Förderung der Stabilität und des Wachstums« vor, und der millionste Gastarbeiter, ein Portugiese, erhielt zum Dank ein nagelneues Moped.

Stabilität und Wachstum – das waren die Schlagworte der Mehrheit der Menschen im Nachkriegsdeutschland. Die Wahl der neuen Einbauküche war ihnen wichtiger als manche Bundestagswahl, bei der man ohnehin der angestammten Partei die Treue hielt, ob der CDU oder der SPD. »Sicher ist sicher«, lautete 1965 die Wahlkampfparole der SPD, und Ludwig Erhard sprach von der »formierten Gesellschaft«. Das Proletariat der 20er-Jahre und mit ihm der politisch inspirierte Klassenkampf waren inzwischen Geschichte. Jetzt ging es vor allem um wirtschaftlichen und sozialen Aufstieg – auch und nicht zuletzt mithilfe der Sozialdemokratie und der Gewerkschaften. Man orientierte sich nach oben, nicht nach unten.

Wer es schon zu etwas gebracht hatte und einen VW Käfer oder Opel Kadett sein Eigen nannte, fuhr im Sommer mit der Familie an den Gardasee oder nach Rimini an die Adria. Und für Unterhaltung und damit Ablenkung – auch von der gar nicht so lange zurückliegenden NS-Zeit und ihren monströsen Verbrechen – sorgten alte Ufa-Stars wie Heinz Rühmann *(Wenn der Vater mit dem Sohne)*, Gert Fröbe *(Die tollkühnen Männer in ihren fliegenden Kisten)* oder auch Curd Jürgens, Hans Albers, Theo Lingen und Hans Moser. Nur wenige Filme wie Wolfgang Staudtes *Rosen für den Staatsanwalt* von 1959 oder Bernhard Wickis *Die Brücke* aus demselben Jahr beschäftigten sich mit der jüngsten deutschen Vergangenheit und den Schrecken des Krieges. Ansonsten dominierte bis in die 60er-Jahre hinein der Heimatfilm mit Titeln wie *Wo die alten Wälder rauschen* und *Die Sennerin von St. Kathrein*. Die deutsche Seele dürstete nach Ruhe und Unterhaltung: bloß nicht zurückschauen auf Hitler und Weltkrieg, Trauma und Trümmerlandschaft!

Junge Leute empfanden den röhrenden Hirsch auf der Waldlichtung, den die Geierwally am vorbeirauschenden Wildbach entdeckt hatte, freilich als reaktionär-verlogene Natur- und Spießeridylle, als kitschige Volkskunst im Dienste der Verdrängung. Sie zogen sich schwarze Rollkragenpullover an, rauchten französische Zigaretten, interessierten sich für Sartres Existenzialismus und für amerikanischen Jazz, den die Alten wie gehabt als »Negermusik« verdammten.

Am 22. Juni 1962, an einem lauen Frühsommerabend, kam es zum ersten größeren *Clash of Civilizations*. Ein junges Pärchen in München-Schwabing tanzte zu den Jazzklängen zweier Gitarrenspieler, die auch noch barfuß unterwegs waren. Es dauerte nicht lange, bis eine Polizeistreife wegen »ruhestörenden Lärms« herbeigeeilt war, um die beiden Musiker festzunehmen. Innerhalb kurzer Zeit entwickelte sich daraus eine Straßenschlacht zwischen Polizei und Jugendlichen.

Die berühmten »Schwabinger Krawalle« hielten mehrere Tage an. Es gab etliche Verletzte und 200 Festnahmen – die ersten Vorzeichen der kommenden Jugend- und Studentenrevolte. Teile der älteren Bevölkerung – noch ganz im Denken vergangener Zeiten verfangen – hetzten gegen die »Radaubrüder« und »Gammler«: »Es muss wohl wieder Krieg geben, damit Zucht und Ordnung zurückkehren.« Die Äußerung solcher und ähnlicher vergiftender Ideen war zu dieser Zeit keine Seltenheit, und auch in den Folgejahren deutete vieles darauf hin, dass die Deutschen alles im Sinn hatten, nur keinen Kampf um mehr Freiheit und demokratische Rechte.

Solche Bewegungen fanden vorerst nur in weit entfernten Ländern der Welt statt. Rudi, der den Kampf der lateinamerikanischen Guerilleros gegen brutale Diktatoren bewunderte, nahm ein paar Jahre später erstmals den Kontakt zu afrikanischen Studenten auf und gründete noch etwas später eine Aktionsgruppe namens Viva Maria. Der Name war übernommen von Louis Malles gleichnamigem Spielfilm aus dem Jahr 1965, ein Kultfilm über eine auf eigenwilligem Wege zum Erfolg gebrachte Revolution in einem fiktiven mittelamerikanischen Land. Die Teilnehmer des neu gegründeten Arbeitskreises waren unter anderem Studenten aus Lateinamerika und eine Amerikanerin – ich, die im »belly of the beast« repräsentativ für die Befreiungsbewegungen stehen sollte.

Auch in Afrika regierten Machthaber, die die Befreiung ihrer Länder von der europäischen Kolonialherrschaft als Auftrag verstanden hatten, ihrerseits diktatorische Regime zu etablieren. So auch der Präsident des Kongo, Moïse Tschombé, der

Oppositionelle gewaltsam zum Schweigen bringen und seinen linksorientierten Amtsvorgänger Patrice Lumumba ermorden ließ. Im Dezember 1964 war Tschombé auf Staatsbesuch in Berlin. Rudi lief mit seinem Genossen Bernd Rabehl zum SDS am Kurfürstendamm und forderte den damals noch ziemlich theoriebesessenen Zirkel auf, zusammen mit den afrikanischen Studenten gegen diesen Staatsgast zu demonstrieren.

So ging es raus zum Rondell vor dem Flughafen Tempelhof, aber die Sicherheitskräfte hatten den Politiker über Umwege gleich zum Schöneberger Rathaus eskortiert, dem Sitz des Regierenden Bürgermeisters, damals Willy Brandt. Rudi hat geistesgegenwärtig die Parole ausgegeben: umdrehen und direkt Richtung Rathaus! Die Strecke war von der Polizei nicht genehmigt worden, und so nahmen die Beamten die Verfolgung auf.

Sie hatten den jungen Mann mit den dunklen Haaren als »Rädelsführer« erkannt und waren deshalb besonders hinter ihm her. Doch als ehemaliger Stabhochspringer und trainierter Leichtathlet überwand er kurzerhand eine hohe Mauer und war weg. Das war die erste »illegale« Demonstration in Berlin. Rudi bilanzierte nicht ohne Stolz – und mit dem Hinweis, dass mindestens ein Tomatenwurf vor dem Schöneberger Rathaus den hohen Besucher aus dem Kongo »voll in die Fresse« getroffen habe: »Der Protestmarsch war so spontan entstanden, dass alle Versuche der Polizei, uns aufzuhalten, an diesem Tag zunichtegemacht werden konnten. Für die Herrschenden war dieser ganze Vorgang neuartig und überraschend.«

Man hatte fast zufällig entdeckt, wie mit vergleichsweise kleinem Aufwand, nämlich bewusster Grenzüberschreitung und gezielter Regelverletzung, eine größtmögliche Wirkung zu erzielen war. Sie wäre aber nie so durchschlagend gewesen, hätten Staat und Teile der Gesellschaft nicht derart allergisch, geradezu passgenau auf beinah jede Provokation reagiert.

Ganz im Gegensatz dazu ist es heute, überspitzt gesagt, eher die Regelverletzung, die zum Normalfall der toleranten, »bunten« Gesellschaft geworden ist. Provokation ist Teil der Alltags- und Popkultur geworden, mit der man, siehe Lady Gaga, sogar viel Geld verdienen kann.

»Man hätte das Rathaus besetzen sollen«, meinte einer der Genossen hinterher und zielte damit schon auf eine nächste Stufe der Eskalation. Doch der moralische Protest gegen einen afrikanischen Potentaten hatte schon ausgereicht, um die politische Spitze Deutschlands öffentlich ins Unrecht zu setzen. Es war der »Beginn unserer Kulturrevolution«, hielt Rudi anschließend schriftlich fest.

Diese Kulturrevolution hatte, neben vielen äußeren Feinden, allerdings auch eine innere Front. Denn es ging ja nicht nur um die Befreiung von gesellschaftlichen wie ökonomischen Herrschaftsverhältnissen, sondern auch um den Kampf gegen den »autoritären Charakter« (Adorno) in uns, gegen die innerpsychische Deformation durch die bürgerliche Familie und ihre Mechanismen der Unterdrückung. Jungen Menschen, die heute ganz selbstverständlich mit ihren Eltern ins Popkonzert gehen und wie beste Freunde gemeinsam in Urlaub fahren, mag das befremdlich erscheinen. Aber die damaligen Verhältnisse – Stichwort Kuppeleiparagraf – waren auch in dieser Hinsicht komplett andere.

Die Generation der Eltern war unter Hitler erwachsen geworden, in der nationalsozialistisch geprägten »Volksgemeinschaft« mit Mutterkreuz, Hitlerjugend und Bund deutscher Mädel, in der der autoritäre Charakter gewissermaßen zur Vollendung fand. Nur deshalb konnte der Begriff der »totalen Entwurzelung«, den Dieter Kunzelmann ins Spiel brachte, überhaupt greifen. Das Programm einer völligen Loslösung von traditionellen sozialen Bindungen, die für die Unfreiheit des Individuums verantwortlich gemacht wurden, galt freilich nicht nur für Mama und Papa, Oma und Opa, Onkel und Tante. Es zielte auf jede Form von »festen Beziehungen, also auch die zwischen Mann und Frau, die in der Konvention der bürgerlichen Ehe geradezu als Keimzelle jeglicher, die gesamte Gesellschaft durchziehende »Repression« betrachtet wurde.

Teil dieser autoritären Gesellschaft, das darf nicht verschwiegen werden, waren damals aber auch die Rebellen selbst, vor allem die Männer. So unversöhnlich sie sich ihren Vätern gegenüber gaben, so sehr repräsentierten sie ihr Objekt der Kritik in Zügen des eigenen Verhaltens. Mir fiel in den fortschrittlichen linken Gruppen besonders der Umgang mit Frauen und deren Rolle auf. Ehrlich gesagt war in dieser Hinsicht kein Unterschied zu den wissenschaftlichen Seminaren an der Universität zu erkennen, mithin auch keiner zu den bürgerlichen Kreisen.

Debatten waren in der Regel reine Männerdiskussionen, in denen Frauen natürlich geduldet waren, aber nur, solange sie nicht zu viel dazwischenredeten. Wenn, was selten genug der Fall war, in einer der zahlreichen gewichtigen SDS-Diskussionen einmal eine Frau das Wort ergriff, lachten die Männer meistens nur und nahmen, ganz den Vätern gleich, auch vollkommen vernünftige und nachvollziehbare Argumente schlicht nicht ernst. Zum Ausgleich – auch in dieser Hinsicht klappte die tradierte Rollenaufteilung einwandfrei – durften die Frauen stets die typische (Haus-)Frauenarbeit übernehmen. Ganz dem Bild der 50er-Jahre entsprechend, als der Ehegattin per Ratgeber als vornehmste Aufgabe zugewiesen war, »ihrem Mann ein Heim zu schaffen, in das er nach des Tages Arbeit gern zurückkehrt«.

Die Genossinnen räumten auf und machten sauber, derweil die revolutionären Genossen eine rauchten, sich über dicke Bücher beugten und »wichtige« Gespräche über Gott und die Welt führten. Dieser Widerspruch, so eklatant er war (und ist), schien für die meisten von keinerlei Bedeutung zu sein. Rudi, den ich immer wieder darauf aufmerksam gemacht hatte, erkannte das Dilemma zwar, wusste aber für den Moment auch keinen Ausweg.

Zu dieser Zeit hatte ich schon Artikel über die ersten Kommunen in Amerika gelesen. Es hieß, dass dort nicht nur Hausarbeit, sondern auch alle anderen, also auch intellektuelle Tätigkeiten unter allen Beteiligten gleichmäßig aufgeteilt wurden – man wollte keine Hierarchien, sprich keine Diskriminierung mehr. Ich erzählte Rudi von diesen Berichten. Die Idee gefiel ihm. Als ich vorschlug, einige Leute einzuladen, um über dieses Modell zu diskutieren und es dann selbst umzusetzen, wollte er gleich alle seine Freunde benachrichtigen. Ich bestand aber darauf, allein zu entscheiden, wer dazukommen sollte, was er schließlich akzeptierte.

Erstaunlicherweise brach schnell regelrechte Begeisterung über die Idee von einer Kommune aus, und es kamen von Mal zu Mal mehr Interessenten. Blitzschnell hatte auch der umtriebige Dieter Kunzelmann davon Wind bekommen und wollte mitmachen. Der war allerdings ein Pascha erster Ordnung – inklusive Konkubinen, weshalb ich ihn von Anfang an nicht mochte und Rudi bat, ihn an unserem Projekt nicht teilnehmen zu lassen. »Wie soll ich das machen?«, meinte er aber nur. »Der kann tun, was er will.« Und so kam es dann auch.

Kunzelmann zog eigens von München nach Berlin und riss – wie zu befürchten war – die Initiative schnell an sich, auch wenn etliche andere sich seinen Ideen einer radikalen psychischen wie sexuellen Selbstentblößung nicht anschließen wollten. Am oberbayerischen Kochelsee kam es Ende Juni 1966 zu einem Treffen, auf dem über die Kommune-Idee diskutiert werden sollte. Weil seine Eltern zu Besuch kamen, konnte Rudi erst ein paar Tage später zu der 16-köpfigen Gruppe stoßen.

Nur gut, dass die Genossen keine Details von diesem Besuch in unserer Wohnung am Nollendorfplatz erfuhren. Um die Wahrheit zu sagen, hatten wir uns schon Tage vorher einer bis dahin ungekannten bürgerlichen Putzwut hingegeben. Wir schrubbten den Fußboden, wischten Staub, putzten die Fenster und wuschen das nur spärlich vorhandene Geschirr ab. Um das Maß an bürgerlicher Anpassung voll zu machen, ließ sich Rudi auch noch die Haare schneiden und rasierte sich.

Leider hat das alles nichts genützt. Kaum hatten seine Eltern, die Rudi von der Grenze abgeholt hatte, unsere Wohnung betreten, ging die Nörgelei auch schon los. Während ich den Kaffeetisch deckte, spazierte seine Mutter kreuz und quer durch die Wohnung. »Das geht nicht!«, rief sie. In der Küche seien nur Tücher aus Leinen passend, lediglich im Bad sei Frottee erlaubt, und im Wohnzimmer würden die Untergardinen fehlen – die eigenhändig von mir genähten und auch vorschriftsmäßig angebrachten Vorhänge reichten aus ihrer Sicht keineswegs aus. Als sich dann auch noch der Vater einschaltete und Rudis Haarschnitt beanstandete, platzte mir der Kragen. Ich stand auf, verließ das Zimmer und knallte die Tür hinter mir zu. Ich hörte noch, wie Rudis Mutter sagte: »Warum erlaubst du deiner Frau, sich so zu verhalten? Du bist ein Waschlappen!«

Kleine Anlässe, große Wirkung: Protest, Provokation, Revolte

Während draußen also schon die Weltrevolution wartete, regierte drinnen, im Reich der Gardinen, noch Mutti – oder versuchte es zumindest. Man darf aber davon ausgehen, dass es zu dieser Zeit in vielen deutschen Familien, egal ob in Ost oder West, so oder ähnlich zuging. Die Kommune 1 und erst recht all die Wohngemeinschaften, die ihr folgten, waren also – neben all den ideologischen Überspanntheiten und Irrwegen – eine Antwort auf das autoritär-kleinbürgerliche Spießertum, das nach Krieg, Zerstörung und Wiederaufbau wie selbstverständlich auch weiter den Ton angeben wollte. In dem Generationenkonflikt tobte buchstäblich auch ein Kampf der Kulturen, und nicht wenige Söhne und Töchter flüchteten aus einer als bedrückend empfundenen Enge der Familie in die ungewisse, aber offene Zukunft, die sie selbst gestalten wollten.

Kein Wunder, dass Rudi sich, kaum war er bei der Gruppe in Bayern angekommen, als Erstes der Kritik der Genossen wegen »psychischer Abhängigkeit von bürgerlichen Autoritäten« stellen musste. Schließlich sollten durch die geplante Kommune alle bisherigen familiären Bindungen als überkommen aufgehoben und der neue befreite Mensch hervorgebracht werden. Es ging, wie Kunzelmann predigte, um die »Destruierung der Privatsphäre und aller uns präformierenden Alltäglichkeiten«.

So monströs dieser Anspruch war, so ernsthaft wurde an seiner Umsetzung gearbeitet.

Unter Kunzelmanns Regie und im Namen seiner Ideologie »Der Mensch des 21. Jahrhunderts« wurde schon länger in antibürgerlicher Absicht versucht, Rudis Verhältnis zu mir zu zerstören. Dieter befahl seinen beiden Freundinnen Dagmar und Marion, mit der er bereits ein Kind hatte, Rudi zu verführen. Der Versuch misslang zwar, aber die Demütigungen gingen weiter.

Wenn ich in Tränen ausbrach, weil ihre Angriffe nicht mehr zu ertragen waren, tröstete Rudi mich, wehrte sich aber nicht entschieden genug gegen diese Übergriffe und trat auch nicht wirklich für mich ein. Bei aller Streitbarkeit wollte er es sich nicht mit den Genossen verderben. Dabei hatten wir ein ganz anderes Konzept der Kommune entwickelt, eines, das nicht in erster Linie auf die Zerstörung der bürgerlichen Persönlichkeit zielte, sondern auf Solidarität und gegenseitige Unterstützung im täglichen Leben. Auf dieser Grundlage sollten die politischen Perspektiven für eine gesellschaftliche Umwälzung entwickelt werden. Es kam folgerichtig dann doch zum Bruch: Die Gruppe um Kunzelmann ging ihren eigenen Weg und hat Anfang 1967 die erste Kommune Westberlins gegründet.

Sie fand zunächst in den leer stehenden Wohnungen der Schriftsteller Hans Magnus Enzensberger und Uwe Johnson ein provisorisches Domizil, bevor es an den Stuttgarter Platz in Charlottenburg, den geliebten »Stutti« ging. Heute wissen wir, dass diese Versuche, die eigene »bürgerliche« Existenz radikal zu »entwurzeln«, im Psychoterror jeder gegen jeden endeten.

SDS-Mitglied und Psychoanalytiker Reimut Reiche sprach von einem »grausamen Zwangssystem«. Rudis Freund Bernd Rabehl, der anfangs noch überzeugt war, das »Setzen der Kommune« sei der Beginn einer kollektiven Praxis der Befreiung, die nun historisch möglich sein sollte, kritisierte Monate später die »sektiererhafte Absonderung von der politischen Bewegung«.

Das erhoffte Ineinandergreifen von persönlicher und politischer, innerer und äußerer Befreiung, kurz »die Revolutionierung des Individuums«, die von der Kommune 1 versuchsweise praktiziert wurde, erwies sich schnell als Irrtum und führte politisch in die Sackgasse. Die Probleme jedes Einzelnen – Ängste, Minderwertigkeitsgefühle, Neurosen aller Art, Liebeskummer, Konflikte aus der Kindheit – überstiegen selbstverständlich die psychische Integrationskraft der Gruppe, die auf sieben oder acht Personen geschrumpft war.

Sogar Fritz Teufel kritisierte die ständige Selbstbeschäftigung, die am Ende »nur Zusammenbrüche« produziere. Beispielhaft für die Banalität der Konflikte, die gleichwohl Sprengkraft besaßen, war eine Frage von Lisbeth Schlotterer aus der etwas später gegründeten Kommune 2 an die Adresse der männlichen Genossen: »Was wollt ihr eigentlich verändern in dieser Gruppe, wenn ich jeden Tag für alle abwaschen muss?« Theorie und Praxis lagen auch hier noch deutlich weiter auseinander als Schaufel und Kehrbesen.

Schon am 3. Mai 1967 schloss der Berliner SDS die Mitglieder der Kommune 1 aus. Begründung: »Falsche Unmittelbarkeit«, »Realitätsflucht«, und »Selbstüberschätzung«. Letzter Anlass war eine Flugblattserie der Kommunarden unter dem Siegel des SDS gewesen, in der sie sich in teils infantil-spätpubertärer Weise zur Hochschulpolitik äußerten und ihre subjektiven Bedürfnisse intellektuell eher schlicht den objektiven Problemen in der Welt gegenüberstellten. Legendär wurde ein Satz Dieter Kunzelmanns: »Was geht mich Vietnam an, ich habe Orgasmusschwierigkeiten?!«

Berühmt-berüchtigt war auch ein Flugblatt mit der Überschrift: »Wann brennen die Berliner Kaufhäuser?« Kurz zuvor waren bei einem verheerenden Kaufhausbrand in Brüssel mehr als 300 Menschen ums Leben gekommen. Die »Spaßguerilla« der Kommune 1 ließ ihren zynisch-dadaistischen Gewaltfantasien freien Lauf: »Unsere belgischen Freunde haben endlich den Dreh heraus, die Bevölkerung am lustigen Treiben in Vietnam wirklich zu beteiligen: Sie zünden ein Kaufhaus an, zweihundert saturierte Bürger beenden ihr aufregendes Leben, und Brüssel wird Hanoi […]. Wenn es irgendwo brennt in der nächsten Zeit, wenn irgendwo eine Kaserne in die Luft geht, wenn irgendwo in einem Stadion die Tribüne einstürzt, seid bitte nicht überrascht.«

Im nachfolgenden Strafprozess wegen »Anstiftung zur Menschen gefährdenden Brandstiftung« hoben Germanistikprofessoren und Schriftsteller, die von dem Kommune-Verteidiger Horst Mahler als Gutachter beauftragt worden waren, den satirisch-literarischen Charakter der Texte hervor. Resultat: Freispruch.

Und wieder hatte der bürgerliche Rechtsstaat eine Bühne für die Aktionen und Happenings der Kommune 1 geboten, an vorderster Front Fritz Teufel, Dieter Kunzelmann und Rainer Langhans. Während es innerhalb der Gruppe gewaltig knirschte, war die mediale Außenwirkung groß, weil sie das Spiel mit der Provokation auf die Spitze trieben. So auch Anfang April 1967, als der Besuch des amerikanischen Vizepräsidenten Hubert H. Humphrey in Berlin anstand – auf dem Höhepunkt des Vietnamkriegs. Am Vortag, es war der 5. April, nahm die Polizei elf Studenten, überwiegend Mitglieder der Kommune 1, fest. Ihnen wurde eine Verschwörung gegen den Staatsgast vorgeworfen, genauer »Anschläge gegen das Leben oder die Gesundheit des amerikanischen Vizepräsidenten Hubert H. Humphrey mittels Bomben«.

Die *Bild*-Zeitung titelte: »Bomben und hochexplosive Chemikalien – Sprengstoffgefüllte Plastikbeutel als Mao-Cocktails«. Die Zeitung *Abend* schien es noch genauer zu wissen: »Maos Botschaft in Ost-Berlin lieferte Bomben gegen Vizepräsident Humphrey«. Warum Mao Tse-tung? Ganz einfach: Die Kommune 1 kokettierte mit dem chinesischen Idol der Kulturrevolution, kostümierte sich hier und da als »Rote Garden«, las die *Peking Rundschau*, hörte den deutschen Dienst von Radio Peking und hatte eine Woche zuvor tatsächlich »Mao-Bibeln«, die rot eingebundene Sammlung der Worte des »Großen Vorsitzenden« der Kommunistischen Partei, von der diplomatischen Vertretung in Ostberlin abgeholt. Dass unter seiner Verantwortung Millionen Menschen umgebracht wurden, wussten sie damals nicht. Mao war schlicht das populäre Label – der »radical chic« – einer politischen Provokation in der durch und durch antikommunistischen, von Mauer und Stacheldraht eingeschlossenen Frontstadt Westberlin, die ihre Freiheit vor allem den westlichen Alliierten Amerika, England und Frankreich zu verdanken hatte.

Einen amerikanischen Vizepräsidenten am Schöneberger Rathaus anzugreifen, also genau dort, wo vier Jahre zuvor John F. Kennedy ausgerufen hatte: »Ich bin ein Berliner!« – das war für die Mehrheit der Berliner, die sich immer noch wie eingemauerte »Insulaner« fühlten, ein ungeheuerlicher Akt. Dabei war alles viel harmloser. Im internen »Kommune-Protokoll« vom 2. April stand schwarz auf weiß: »Humphrey-Aktion: Martin-Luther-Str. oder Rathaus. Rote Rauchbomben, möglichst viele. Zum Auto laufen, Superbälle werfen.« Ein Happening also, mehr nicht. Im Grunewald hatten sie ein bisschen geübt, wurden dabei allerdings vom Staatsschutz beobachtet.

Die angeblichen »Bombenbauer« blieben nur einen Tag in Haft, denn die Kriminaltechniker hatten rasch herausgefunden, dass der vermeintliche Sprengstoff nichts anderes war als »eine Mischung aus Farbstoff, Pudding, Mehl und Rauchentwickler«. Die Ermittlungsverfahren wurden eingestellt. Doch das »Pudding-Attentat« ging in die Annalen nicht nur der Kommune 1 ein. Mehr Aufmerksamkeit für den Protest gegen den Napalmkrieg der US-Armee in Vietnam hätte keine PR- oder Event-Agentur der Welt herstellen können, und am Abend des Staatsbesuchs demonstrierten noch einmal 2000 Menschen vor dem Charlottenburger Schloss, wo wieder Eier und Mehltüten, Flaschen und Steine flogen. Gegen mehrere Kommune-Mitglieder, den AStA-Vorsitzenden der Freien Universität und auch gegen Rudi wurden Disziplinarverfahren wegen »Vorbereitung eines hochverräterischen Unternehmens« eingeleitet, was gleich zu den nächsten massiven Protesten an der Uni führte. Mehrfach holte der Uni-Präsident die Polizei auf den Campus.

Auch das Gelände der Freien Universität im grünen Dahlem war inzwischen zum Terrain der Rebellion geworden. Und auch hier galt das Prinzip: kleine Anlässe, große Wirkung. Der Protest gegen überkommene akademische Privilegien, gegen die autoritäre Hierarchie der Ordinarien und gegen die Ideologie einer angeblich neutralen, unpolitischen Wissenschaft im Elfenbeinturm nahm Fahrt auf. Obwohl das Motto dieses Aufbegehrens erst im November 1967 zum gereimten Schlachtruf wurde – »Unter den Talaren der Muff von tausend Jahren!« –, war die Zielrichtung der Rebellion doch längst klar: mehr Demokratie, mehr Teilhabe, mehr Diskussion. Oft ging es um Konflikte, die außerhalb der Uni kaum jemanden interessierte: drohende Zwangsexmatrikulationen nach Überschreitung der Regelstudienzeit, studentische Mitbestimmung in den Hochschulgremien, Vergabe von Räumen für Diskussionsveranstaltungen oder das sogenannte »politische Mandat« des Allgemeinen Studentenausschusses (AStA), der sich eben auch zum Vietnamkrieg äußern wollte und nicht nur zu Fragen wie der Einrichtung eines Raucherzimmers auf dem Campus.

Damals wurde ein Rektor bei festlichen Anlässen noch mit »Seine Magnifizenz« angeredet, Ruhe und Ordnung waren erste Akademikerpflicht. Unter den bestehenden Regularien konnte bereits eine Podiumsdiskussion mit einem unliebsamen Gast – wie in dem berühmt gewordenen Fall des Publizisten Erich Kuby – oder ein Verbot politischer Veranstaltungen in der Universität eine Auseinandersetzung auslösen, die in einem Sit-in von Tausenden Studenten kulminierte.

Zum ersten Sit-in überhaupt in Deutschland kam es im Juni 1966, als sich 3000 Studenten aus Protest gegen die bestehenden Einschränkungen eines selbstbestimmten Studiums vor und im Henry-Ford-Bau der Freien Universität versammelten. Diese Protestform war ein Direktimport aus den USA. Dort hatte sich der Protest gegen den vor zwei Jahren erfolgten Eintritt der USA in den Krieg gegen den kommunistischen und von Ho Chi Minhs Nordvietnam unterstützten Vietcong zu einer Anti-Vietnamkriegsbewegung formiert. Bis zu seinem Ende im Jahr 1975 kostete dieser Krieg 2,5 Millionen Menschen das Leben, 90 Prozent davon waren Zivilisten. Vier Millionen Menschen wurden verletzt, viele davon waren Opfer des hochgiftigen Entlaubungsmittels Agent Orange. »Bombt sie in die Steinzeit zurück!«, hatte der Stabschef der US-Luftwaffe gefordert. Der Verlust auf der amerikanischen Seite lag bei insgesamt 53 000 Soldaten.

Ob nun Redeverbot oder Rauswurf eines aufmüpfigen Studenten – in Deutschland war es mit der Ruhe jedenfalls vorbei, und die alte Ordnung wurde brüchig. Eine neue Zeit war angebrochen. »Plötzlich setzten sich alle hin. Als sie auf dem Boden saßen, überkam sie ein verdammt glückliches Gefühl der Gemeinsamkeit. Den dreitausend Studenten war, als hätten sie den Henry-Ford-Bau der Freien Universität für sich erobert, unter dem sie bisher immer nur zu leiden hatten.« So beschreibt ein Augenzeuge die Szene, die sozusagen eine Premiere darstellte. Sogar der damals berühmte Kabarettist und Filmschauspieler Wolfgang Neuss tauchte auf und rezitierte »in strenger

Form ohne Musik« aus seinem satirischen Programm »Neuss Testament«.

Stundenlang harrten die Studenten im Lichthof des Ford-Baus aus. Von überallher, vor allem aus westdeutschen Universitäten, trafen Solidaritätstelegramme ein, und gegen 21.30 Uhr wurde aus dem Sitzstreik ein »Teach-in«, bei dem auch Rudi redete. Gegen Mitternacht schließlich wurde eine Resolution verabschiedet, in der es hieß: »Was hier in Berlin vor sich geht, ist ebenso wie in der Gesellschaft ein Konflikt, dessen Zentralgegenstand weder längeres Studium noch mehr Urlaub ist, sondern der Abbau oligarchischer Herrschaft und die Verwirklichung demokratischer Freiheiten in allen Bereichen.« Das Urmotiv der ersten Phase der Rebellion war hier formuliert.

Es sollten noch viele Resolutionen, Go-ins, Sit-ins und Teach-ins folgen, doch dieser Augenblick der kollektiven Euphorie einer geglückten Selbstermächtigung hat uns tief bewegt. Die Aktion sprach sich herum und machte Lust auf mehr. Ganz einfach. Die Universitätshierarchie war in die Defensive geraten, nicht zuletzt deshalb, weil sie sich ganz und gar unbelehrbar zeigte und auf ihren Privilegien beharrte, äußerst empfindlich auf jedwede Verletzung der wie immer verstandenen »akademischen Würde« reagierte und überall Unterwanderung und Aufruhr witterte. Eine Haltung im Übrigen, die symptomatisch war für die gesellschaftlichen Eliten Mitte der 60er-Jahre und der Mechanik von Provokation und Protest allmählich eine Eigendynamik verlieh, die sich ständig – heute würde man sagen »viral« – verstärkte. Die stets einkalkulierte Überreaktion der Medien, vor allem der Springer-Zeitungen, wirkte wie ein

Gratisbrandbeschleuniger. Nicht zuletzt deshalb gehörte eine ausgiebige »Presseschau« im Esszimmer der Kommune zu den morgendlichen Ritualen. Bald wurde ein ganzes Archiv daraus angelegt. Bilder aus dem »maoistischen Liebesnest« der »Horrorkommune« beflügelten die (männliche) Eitelkeit, die wiederum zum Motor für neue Aktionen wurde.

Die Kommune wurde praktisch in Echtzeit zum Mythos. Andreas Baader und Gudrun Ensslin, die späteren RAF-Terroristen, schauten ebenso vorbei wie Groupies aus ganz Deutschland, und einmal auch der große Jimi Hendrix. Vor allem Journalisten belagerten die »K1«, denen dann irgendwann ein kleines Schild an der Wohnungstür entgegenlachte: »Erst blechen, dann sprechen.« Man nahm also Eintritt, von großen Illustrierten Tausende D-Mark. Der Ruf der Kommune 1 hatte sich bis zu Oberschülerinnen herumgesprochen. Liebesbriefe mit roten Herzen und »abgestempelt« mit Lippenstift fanden sich im Kommune-Briefkasten, und etliche der Absenderinnen landeten im Zimmer von Fritz Teufel. Manche saßen allerdings auch nur weinend vor der Tür.

Währenddessen wurde das Eifersuchtsdrama zwischen Rainer Langhans und Uschi Obermaier – wie auch deren spätere Abenteuer mit Mick Jagger und Keith Richards – sogar von den Boulevardblättern, die eben noch vor dem »Maoisten-Nest« gewarnt hatten, fasziniert verfolgt. Ikonografisch bis heute unübertroffen war die Bilderserie des *Stern* mit den nackten Hinterteilen der Kommunarden.

Das war die Schaufensterseite der Revolte, ihr spektakulär-theatralisches, aber auch selbstverliebt-egomanisches Dekor.

Hans Magnus Enzensberger, dessen Bruder Ulrich Mitglied der Kommune war, kam Jahrzehnte später in seinen Erinnerungen an einen *Tumult* zu der ernüchternden Bilanz: »Sie waren die Ersten, die mit der Abschaffung der Privatsphäre Ernst machten. Wahrscheinlich wussten sie nicht, was sie damit angerichtet haben. Eine ganze Industrie ist ihnen auf diesem Weg gefolgt. Das Privatfernsehen, das kein Privatleben duldet, kopierte ihr Rezept und machte mit entsprechenden Formaten Kasse. Seitdem muss kein Voyeur, keine Exhibitionistin mehr eine heruntergekommene Berliner Altbauwohnung aufsuchen, um sich selbst zu verwirklichen. Knopfdruck genügt.«

Gut möglich, dass Fritz Teufel und Rainer Langhans heute zu den YouTube-Stars zählen würden, den sogenannten »Influencern«, die ihre Botschaften über die *social media* wie Facebook und Twitter verbreiten, Millionen Follower haben und T-Shirts, Baseball-Caps und Parfum unter ihrem Namen verkaufen. Eine absurde Vorstellung? Mag sein. Allerdings traf die Kommune 1 den rebellischen Zeitgeist zwischen Hippietum und Revolutionsrhetorik damals, trotz aller inneren Konflikte, sehr genau. Es war ganz entschieden auch ein neues Lebensgefühl, das sich Bahn brach in einem auch emotional-psychologischen Aufbruch zu neuen Ufern.

Rudi und ich hatten im März 1966 geheiratet. Mit diesem ganz und gar bürgerlichen Akt fielen wir natürlich hinter alle Programmatik des neuen Aufbruchs zurück. Tatsächlich spielte für mich – wie für Rudi – die Frage von Konformität, ob bürgerlich oder »revolutionär« konnotiert, keine Rolle. Entsprechend haben wir selbst die Zeremonie auch nicht bierernst genommen.

Die Feier mit den immerhin 50 Gästen fand in einer alten Berliner Bierkneipe statt, über deren Eingangstür ein zottiger Rehkopf hing. Wir hatten unseren Freund, den Psychologen Thomas Ehleiter, gebeten, die von Rudi und mir entworfene Hochzeitsrede zu halten. Rudi hatte Thomas 1962 kennengelernt und sich schnell und sehr eng mit ihm angefreundet. Uns gegenüber hat er niemals erwähnt, dass er früher ein Mönch gewesen war, der, noch als er im Kloster lebte, angefangen hatte, Marx zu lesen. Eines Tages hat er dann einfach sein Kloster heimlich und für immer verlassen. Ich selbst erfuhr davon erst nach Rudis Tod. Ich erinnere mich nur, dass wir noch darüber staunten, wie professionell und würde-, ja, fast weihevoll er die Zeremonie vollzog. Später, als es mir dann klar war, dachte ich: Oh Mann, wir haben katholisch geheiratet, ohne es zu wissen.

Nach der Hochzeitsrede überreichten die Genossen Rudi ein Blatt Papier mit einem roten Wachssiegel, an dem ein Elefant und ein Pudel aus Plastik baumelten. Den nicht ganz ironiefreien Text las er laut vor: »Das Zentralkomitee der Viva Maria. Erste außerordentliche Sitzung vom 23. März 1966. Resolution. Das ZK der Viva Maria nimmt zur Kenntnis, dass eines seiner Mitglieder sich der standesamtlichen Trauung unterzogen hat. Die bedenklichen Parallelen, welche die Parteigeschichte verzeichnet, machen es dem ZK zur Pflicht, seine Besorgnis über die möglichen Folgen dieses Schrittes offen auszusprechen. Das ZK verbindet daher seine nichtsdestoweniger herzlichen Glückwünsche für die nunmehr verehelichten Genossen mit der dringenden Aufforderung, im Kampf gegen den immer aggressiver werdenden Klassenfeind nicht lockerzulassen.«

Das musste man Rudi nicht zweimal sagen. Erst wenige Wochen vor der Hochzeit hatte er in einer kalten Winternacht mit anderen SDS-Genossen Plakate auf Häuserwände und Schaufensterscheiben geklebt: »Mord durch Napalmbomben! Mord durch Giftgas! Mord durch Atombomben!« stand darauf. Die US-Aggression in Vietnam verstoße nicht gegen die »Interessen des demokratischen Systems«, weil auch hier gelte: »Wer es wagt, sich aufzulehnen gegen Ausbeutung und Unterdrückung, wird von den Herrschenden mit Brutalität niedergemacht.«

Da Rudi fürchtete, dass ich als amerikanische Staatsbürgerin ausgewiesen werden könnte, wenn ich beim illegalen Plakatekleben erwischt würde, blieb ich bei den »Funkabhörern«. Den Polizeifunk hörten wir über unser von einem Genossen präpariertes Radio ab – ein Hochzeitsgeschenk meiner Eltern. Es war ein Katz-und-Maus-Spiel mit der Polizei, aber die wachsamen Sicherheitskräfte sorgten dafür, dass die gerade mal 60 Plakate von den Wänden entfernt und einkassiert wurden.

Am nächsten Morgen machten Rudi und ich einen »Kontroll«-Spaziergang, um nachzuschauen, was übrig geblieben war. Das war nicht viel: An den meisten Wänden flatterten nur noch Papierfetzen im Wind – der Kleister war offenbar stärker gewesen als das Papier unserer Plakate. Und es hatte vier Festnahmen gegeben. Eine gescheiterte Aktion also? Nicht ganz. Denn es waren das Unerhörte und die scharfen Worte des Protests gegen die Schutzmacht Amerika, die die große Resonanz in der Öffentlichkeit erzeugten. Der *Tagesspiegel* druckte sogar den kompletten Plakattext. Und der Protest ging weiter.

Einige Tage später stürmten Hunderte Demonstranten zum Amerikahaus am Bahnhof Zoo, setzten die Fahne auf halbmast und warfen Eier an die Fassade. Ich trug ein selbst gemaltes Plakat, auf dem ein mordlustiger US-Soldat zu sehen war. Mehrere Männer überfielen mich, entrissen mir das Plakat und zerstörten es.

Der Schriftsteller F. C. Delius, damals einer der Aktivisten, hat die Aktion in seiner Erzählung *Amerikahaus und der Tanz um die Frauen* verarbeitet: »Das Sternenbanner, plötzlich fiel es abwärts, sackte in drei, vier raschen Zügen fast bis zum Boden, einige Hände klatschten Beifall, ein Johlen da und dort.« »Beschämend! Undenkbar! Kurzsichtig!«, titelte die *Bild* und meinte damit natürlich nicht die Kriegsführung der US Army, sondern uns. Die *B.Z.* befand unseren Protest sogar als »Eine Schande für unser Berlin! Studenten, die ihr Studium in Freiheit in dieser Stadt den Amerikanern zu verdanken haben, vergriffen sich an der amerikanischen Fahne! Pfui Teufel!« Nach Rudis Einschätzung führten wir die »Auseinandersetzung mit dem Rücken an der Wand, ohne illusionäre Hoffnungen, aber […] permanent« und in der »Überzeugung, durch die ununterbrochene Vermittlung von Aktionen und Aufklärungskampagnen unser Lager der Anti-Autoritären vergrößern zu können«.

Die moralische Empörung und das Gefühl, dass alles, was in der Welt geschieht, potenziell mit uns und unseren Ideen zu tun hat – das waren die wesentlichen Antriebsfedern unseres Handelns. Und unsere Stärke, auch in schwierigen Momenten. Das solidarische Gefühl unter uns, das durch so manchen Streit arg strapaziert wurde, hatte sicher auch viel mit Sympathie und

Liebe zu tun. Gewiss, wir waren anfangs »eine kleine radikale Minderheit«, wie es damals in der überwiegend konservativen bürgerlichen Presse hieß. Aber diese Minderheit erzeugte durch ihr Charisma und ihre Ausstrahlung spürbar Wirkung. Außerdem waren längst auch in anderen Ländern Europas – vor allem in Frankreich und Italien – ähnliche Proteste entstanden.

Die Kennzeichnung als »kleine radikale Minderheit« wurde bald zur politisch erfolgreichen Selbstbezichtigung – zum Alleinstellungsmerkmal einer Bewegung, die durch ihre Entschlossenheit und ihre immer neuen, immer kreativeren Aktionsformen kontinuierlich größer und breiter wurde. Für viel Aufmerksamkeit, wenn nicht Aufruhr sorgte zum Beispiel eine Art Happening, zu dem es am 10. Dezember 1966 kam. Nach einer Demonstration von 2000 Leuten gegen die Bombardements der US-Luftwaffe in Vietnam scherten auf ein vereinbartes Zeichen hin etwa 200 Demonstranten aus, unter ihnen SDSler, Kommunarden wie Kunzelmann und Reste der Viva-Maria-Gruppe, und machten sich rasch auf in Richtung Kurfürstendamm. Vor dem Café Kranzler, Stammlokal vor allem der Wilmersdorfer Witwen, drapierten sie einen Weihnachtsbaum mit dem amerikanischen Sternenbanner, hielten einen Pappmascheekopf von SED-Chef Walter Ulbricht hoch und ein Plakat mit der Aufschrift »Spießer aller Länder, vereinigt Euch!«

Dann setzten sie, Kunzelmann voran, das politische Gesamtkunstwerk in Brand und sangen: »Ihr Kinderlein kommet, o kommet doch all!« Während sie Konfetti in die kalte Winterluft warfen, skandierten sie im Schein der Flammen:

»Weihnachtswünsche werden wahr, Bomben made in USA!«
Und: »Hey, hey, hey LBJ – how many kids did you kill today?«
Auf diese gleichzeitig gegen die DDR-Führung und den amerikanischen Präsidenten Lyndon B. Johnson gerichtete Provokation reagierten die Polizeikräfte wie vorhergesehen. Ohne Vorwarnung stürmten sie mit ihren Gummiknüppeln los und verhafteten alle, die nicht rechtzeitig den Ort dieses Frevels verlassen hatten. Auch Leute, die lediglich ihre Weihnachtseinkäufe machten, und Touristen, die durch das festlich erleuchtete Berlin bummelten. Ich selbst entkam einer Verhaftung nur knapp, weil ich bei der versuchten Festnahme anfing, auf Englisch laut dummes Zeug zu plappern. Das reichte, damit die Beamten mich schnell wieder losließen. Insgesamt kam es zu 80 Festnahmen, durch die der Weihnachtsfrieden in der Stadt aber auch nicht wiederhergestellt werden konnte.

Schon eine Woche später kam es zum »Rückspiel« in dieser sich eskalierenden Serie direkter Konfrontationen zwischen Rebellen und Staatsmacht. Bei der »Spaziergangs-Demo« vom 17. Dezember 1966 auf dem Kurfürstendamm – die Amsterdamer »Provos« hatten es vorgemacht – verteilten gerade einmal 50 »Spaziergangsdemonstranten« urplötzlich aus ihren Einkaufstüten hervorgezogene Flugblätter mit der Parole: »keine Keilerei mit der Polizei«. Schnell bildeten sich, im Smartphone-Zeitalter undenkbar, neugierige Menschentrauben, die wiederum sogleich jede Menge Ordnungshüter auf den Plan riefen. In Windeseile zerstreuten sich die »Spaziergänger«, und an der nächsten Ecke fing das Spiel von vorne an. Einige ließen auch Spendenbüchsen zugunsten »warmer Wäsche für die Polizei« herumgehen. Die stand der ganzen Sache ziemlich hilflos gegenüber. Die Beamten knüppelten am Ende dann wieder auf harmlose Touristen, Schaufensterbummler und Weihnachtseinkäufer ein, die sie für Protestierer hielten.

Unter den 86 festgenommenen Personen befanden sich Kinder, Hausfrauen und Rentner, der prominente FU-Professor Jacob Taubes und der Filmregisseur Alexander Kluge. Und Rudi, der die Szene später so beschrieb: »Neben uns hielt ein Auto, vier Herren sprangen heraus, fielen über mich her, mein Karton, gedacht als spontane Redeunterlage, wurde mir entrissen. Einer zeigte ein Kriminalpolizeiabzeichen. Sie wollten mich sofort in das Auto abführen. Gretchen war beiseitegeschoben worden, und eine ältere Dame rief empört: ›Das ist ja, wie es im Faschismus war!‹ Wird wahrscheinlich nicht stimmen, aber die Willkür polizeilicher Entscheidungen erinnerte mich an DDR-Verhältnisse.« Ich selbst hatte noch einen der Beamten mit der flachen Hand geschlagen und dabei gerufen: Lasst ihn los, lasst ihn los! Leider ohne Erfolg.

Kurz darauf haben sie auch mich mitgenommen. An der Joachimsthaler Straße sprangen sage und schreibe zehn Polizeibeamte aus dem Mannschaftswagen. Ich landete in einer kleinen, schmutzig-gelben Zelle, in die immer mehr Verhaftete hineingeschoben wurden, jede Menge unbeteiligte Passanten vom Ku'damm, alle Frauen. Weil wir auf dieser Demo nicht nur Flugblätter verteilen und »Spenden« für die Polizei sammeln, sondern auch Getränke für die Bevölkerung ausschenken wollten, hatte ich zwei Flaschen Wein mitgebracht. Also sagte ich nach einer Weile: »Wenn wir draußen nicht feiern können, dann feiern wir hier.« Feiern im Knast – sicherlich eine Erfahrung, die keine der Frauen bisher gemacht hatte.

Rudi war in einer Einzelzelle gelandet und hatte nichts zu essen. So entschied die Polizei, mich unter der Bedingung freizulassen, dass ich Lebensmittel holte. Ich kam mit zwei großen Tüten zurück. Der Beamte schaute mich verblüfft an: »Was denken Sie? Dass er wochenlang hier bleiben soll?« »Nein«, antwortete ich, »es sollen einfach alle, die verhaftet worden sind und jetzt Hunger haben, etwas bekommen.« Der Polizist lachte nur.

Am nächsten Morgen waren wir und auch der »Rote Rädelsführer Rudi«, laut *B.Z.* »ein Jüngling in abgewetzter Lederjacke«, wieder frei. Doch die öffentliche Erregung ebbte noch lange nicht ab. Die *Bild*-Zeitung freute sich über pädagogisch wertvolle »Polizeihiebe auf Krawallköpfe«, die dazu geeignet sein könnten, den »möglicherweise doch vorhandenen Grips lockerzumachen«.

So leidenschaftlich die »bürgerliche« Presse gegen uns polemisierte und oft genug auch hetzte, so sehr lenkte sie damit die Aufmerksamkeit auf uns und unseren Protest. Wie zum Beispiel durch einen Artikel, der unter der Schlagzeile *Dutschke dreht an einem dollen Ding* am 21. Dezember 1966 in der *B.Z.* erschien. Udo Bergdoll, der Verfasser, zeigte sich zumindest zwischen den Zeilen durchaus angetan von dem »Rebellen in der Lederjacke« und hinterließ mit seinem Artikel gewollt-ungewollt ein sogar eher positives Bild der Bewegung.

Ein paar Wochen nach der Spaziergangsdemonstration wurden auf richterlichen Befehl die Büroräume des SDS durchsucht. Sie nahmen Schreibmaschinen, Matrizen und andere »Beweismittel« mit, dazu die Mitgliederkartei des SDS. Ein klar rechtswidriger Akt, gegen den es massive Proteste gab, bis der damalige Regierende Bürgermeister Heinrich Albertz (SPD) immerhin versprach, die Strafanzeige zurückzunehmen – mit der verhalten entschuldigenden Begründung, die Beschlagnahmungen seien »bedauerlich und unangemessen« gewesen.

Welche tief greifenden Veränderungen auch oder gerade im persönlichen Bereich die damalige Zeit brachten, ließ sich, wie so oft, erst im Nachhinein wirklich ermessen. Zum Beispiel bei Ulrike Meinhof. Als Kampfgefährtin von Andreas Baader, Gudrun Ensslin und vielen anderen »Guerillas des bewaffneten Kampfes« galt sie ab 1970 als führender Kopf der sogenannten Roten Armee Fraktion, kurz RAF. Im August 1966 zeigte die Journalistin sich noch im eleganten weißen Kostüm an der Seite ihres Ehemannes, des Herausgebers der linken Zeitschrift *Konkret*, beim Hamburger Derby. Und im politisch turbulenten Sommer 1967 verbrachte sie ihren Urlaub auf Sylt und diskutierte im feinen Ambiente über die Revolution im fernen Berlin, die sie faszinierend fand.

Auch Rudi schrieb regelmäßig für die *Konkret*. Die »Zeitschrift für Politik und Kultur«, die sich insbesondere an die kritische Studentenschaft richtete, wurde bis 1964 von der SED in Ostberlin finanziell großzügig unterstützt und – im Gegenzug – redaktionell massiv beeinflusst, was damals offiziell nicht bekannt war. Die wegen inkriminierter DDR-kritischer Texte immer wieder ausbleibenden, später dann ganz eingestellten Ostzahlungen versuchte Röhl zu kompensieren, indem er zwischen die seriösen Artikel auflagenfördernde Fotos von nackten Frauen platzierte. Auch etliche Titelgeschichten drehten sich nicht unbedingt um eine antikapitalistische Revolte und die Zukunft des Sozialismus. »Krank vor Sex – Jugendliche packen aus!«, hieß es im Juni 1966, oder im Herbst 1967: »Sex ohne Ehe – wie frei sind Deutschlands Mädchen?« Eine Reportage verfasst von Stefan Aust, dem späteren langjährigen Chefredakteur des *Spiegel*.

Eines Tages rief Klaus Rainer Röhl bei uns an und lud uns nach Sylt ein. »Nimm dir ein paar Tage frei«, sagte er zu Rudi, »und verschwinde irgendwohin, wo sie dich nicht finden, und schreibe. Ich habe ein Haus in Kampen gemietet. Da können du und deine Frau hin.« Es sei sehr schön dort, gute Luft und weiter Strand. Wir fuhren also ins mondäne Kampen und machten auf dem Weg dorthin Zwischenstation in Hamburg. Dort trafen wir zum ersten Mal Ulrike Meinhof.

Sie gehörte zu dieser Zeit noch zur Hamburger Linksschickeria, die vor allem aus Altkommunisten und Sympathisanten der 1956 verbotenen KPD und ihrer Nebenorganisationen bestand. Der Widerspruch zwischen ihrem elitären Lebenswandel und den politischen Zielen einer proletarischen Revolution war ihnen offenbar nicht recht bewusst. Nächtelang diskutierte Rudi mit Ulrike Meinhof, die allmählich zu begreifen schien, dass wir eine neue Generation verkörperten, die mit den kommunistischen Altkadern der 50er-Jahre nichts mehr zu tun hatte.

Tatsächlich war es nun auch in den »besseren Kreisen« schick geworden, links zu sein. Endlich passierte etwas Neues, und man konnte quasi »live« dabei sein. Der Exil-Iraner Bahman

Nirumand, ein Freund von Rudi, erzählte viele Jahre später eine Anekdote, die die ziemlich unvermittelte Radikalisierung von Ulrike Meinhof schlaglichtartig beleuchtet. »Einmal besuchte sie mich, als ich gerade meine Fenster strich, und sagte: ›Wie kannst du so etwas machen, wenn da draußen die Revolution tobt und in Vietnam die Bomben fallen? Wie kannst du Zeit für so etwas haben?‹ Da habe ich gesagt: Ulrike, das Leben muss doch weitergehen, das ist doch das normale Leben, für das wir kämpfen.«

Offenbar hat ihr Bahman Nirumand, dessen zehntausendfach verkauftes Buch *Persien – Modell eines Entwicklungslandes* eine wichtige Rolle beim Protest gegen den Schah spielte, die Frage erspart, wie sie im Strandkorb auf Sylt Champagner trinken konnte, während in Afrika Kinder an Hunger sterben. Ende Februar 1968 zog Ulrike Meinhof, die es inzwischen durch ihre monatlichen *Konkret*-Kolumnen und diverse Fernsehauftritte zu politisch-medialer Prominenz gebracht hatte – selbst Marcel Reich-Ranicki traf sich mit ihr –, aus der ehelichen Villa in Hamburg-Blankenese ins brodelnde Berlin. Der Bruch mit ihrem Ehemann war gleichzeitig der Bruch mit ihrem bisherigen Leben.

Zwei Jahre später beteiligte sie sich an der gewaltsamen Befreiung des Kaufhausbrandstifters Andreas Baader, ging in den Untergrund und wurde als führendes Mitglied der RAF zur öffentlichen Fahndung ausgeschrieben. Bahman Nirumand hatte sie zuvor noch gesagt, sie sei entschlossen, »endlich dieses verlogene bürgerliche Leben zu beenden und alle Folgen eines konsequenten Kampfes« auf sich zu nehmen. Das Lavieren von Sozialdemokraten und Salonlinken – zu denen sie eben noch gehört hatte – diene nur dazu, das Überleben des Kapitalismus zu verlängern. Man müsse den Staat mit bewaffneten Aktionen zwingen, sein wahres Gesicht zu zeigen. Nur so könne man die Menschen wachrütteln und eine Revolution vorbereiten. Die Erfolgsaussichten seien größer als mit linkem Journalismus, der nur ohnehin Gleichgesinnte erreiche und als demokratisches Feigenblatt diene.

Kriegserklärung an die Revolte:
Der 2. Juni 1967

Die dramatischste Wendung der Protestbewegung ereignete sich allerdings bereits zu einer Zeit, als Ulrike Meinhof noch regelmäßig in Kampen auf Sylt verkehrte. Es war der 2. Juni 1967, ein warmer, wunderbarer Frühsommertag. Der Schah von Persien, Mohammed Resa Pahlewi, war mit seiner Frau Farah Diba zum Staatsbesuch in Deutschland, zuerst in Bonn, dann in Berlin. Schon Tage vorher hingen Plakate mit dem Porträt des iranischen Gewaltherrschers in der Stadt, auf denen stand: »Gesucht wird Schah Mohammed Resa Pahlewi wegen Mord und Folterungen an dem Journalisten Karimpour Schirazi, an dem Außenminister Hossein Fatemi, an dem Justizminister Lotfi nach vorherigem Ausreißen der Augen«. Im Handumdrehen wurden die Plakate als »Hetzpropaganda« beschlagnahmt.

Am Vorabend des Berlin-Besuchs versammelten sich im Audimax der Freien Universität 3000 Studenten, um von Bahman Nirumand Einzelheiten über die Methoden des berüchtigten persischen Geheimdienstes SAVAK zu erfahren, der jede Opposition gegen das Schah-Regime brutal unterdrückte. Bereits am Mittag des 2. Juni prophezeite Peter Herz, Chef des Presse- und Informationsamts des Berliner Senats, dass sich »diese Burschen« – gemeint waren die protestierenden Studenten – »auf etwas gefasst machen könnten«. In aller Freimütigkeit versprach er: »Heute gibt's Dresche!« Ein Rowdy in Staatsdiensten, allerdings wirklich nur einer unter vielen. Denn es gab zu dieser Zeit noch viele ehemalige Mitglieder von NSDAP, SA, SS und auch Offiziere der Wehrmacht, die teils in hohen Positionen vor allem bei Justiz und Polizei beschäftig waren.

So auch der Berliner Polizeipräsident Erich Duensing, Jahrgang 1905, Ritterkreuzträger, der unter Hitlers Generalfeldmarschall Erich von Manstein Generalstabsoffizier der Heeresgruppe Süd gewesen war – einer Einheit, die vor allem an der Ostfront kämpfte. Nach dem Krieg trat Duensing der SPD bei – ein so bemerkenswerter wie der Karriere in der Bundesrepublik offenkundig zuträglicher Schritt. In eher militärischem Drill waren denn auch die damaligen Bereitschaftspolizisten geübt, trainiert wie Infanteristen und ausgebildet an Granatwerfern, schweren Maschinengewehren und Panzerabwehrraketen. Vom deeskalierenden Konfliktmanagement unserer Tage weit und breit noch keine Spur.

Der Schah hatte Hunderte sogenannter »Jubelperser« aus dem In- und Ausland mitgebracht, die für jeden »Jubeltag« 80 D-Mark bekamen und teils in Bussen des öffentlichen Nahverkehrs – von der Stadt zur Verfügung gestellt – herumkutschiert wurden. Mit Stahlruten, Totschlägern und Holzlatten schlugen sie schon am Nachmittag des 2. Juni auf jene Demonstranten ein, die vor dem Rathaus Schöneberg protestierten. Dort trug sich der Schah gerade ins Goldene Buch der Stadt ein. Schockiert konnte man zusehen, wie deutsche Polizisten, teils grinsend, den Prügelorgien der SAVAK-Schläger zuschauten. Es dauerte eine gefühlte Ewigkeit, bis sich die Ord-

nungshüter bequemten, dem unglaublichen Treiben ein Ende
zu bereiten. Verhaftet wurden allerdings nicht die Schläger, sondern etliche Schah-Gegner.

Höhepunkt des Schah-Besuchs sollte die abendliche Gala
in der Deutschen Oper sein, wo Mozarts *Zauberflöte* aufgeführt
wurde. Dass diese staatspolitische Inszenierung zum Desaster
werden würde, war um 19.56 Uhr noch nicht zu ahnen, als die
schwarzen Staatskarossen – darunter auch die des Bundesprä-
sidenten Heinrich Lübke – vorfuhren. Ausgerechnet an diesem Abend war Rudi nicht in Berlin, sondern in Hamburg, der
nächsten Station des Schahs, wo er weitere Proteste vorbereiten wollte. Niemand hatte sich zu diesem Zeitpunkt vorstellen
können, dass unsere Welt am folgenden Morgen ganz anders
aussehen würde.

Als der Schah aus dem Wagen stieg und mit seiner Entou-
rage schnell in der Oper verschwand, schrien die auf der gegen-
überliegenden Straßenseite hinter Absperrgittern zusammen-
gepferchten Demonstranten: »Mörder, Mörder!« Ein kurzer
Hagel von Wurfgeschossen, darunter Eier, Tomaten, Farbbeutel,
Rauchkerzen und wohl auch ein paar Steine, begleitete den
wütenden Protest, und das war es dann auch. Mehr war im
Augenblick nicht auszurichten. So dachten zumindest die Demonstranten. Falsch gedacht. Denn noch im Hineingehen hatte
der Regierende Bürgermeister Heinrich Albertz seinem Polizeipräsidenten zugeraunt, er wolle diese Leute nach dem Ende
der Opernvorstellung nicht mehr sehen.

Das brauchte man dem ordensgeschmückten Ex-Offizier
Duensing nicht zweimal zu sagen. Als kriegserprobter Stratege

hatte er längst die »Leberwursttaktik« ausgearbeitet, die er auf einer Pressekonferenz später so beschrieb: »Nehmen wir die Demonstranten als Leberwurst, nicht wahr, dann müssen wir in die Mitte hineinstechen, damit sie an den Enden auseinanderplatzt.« So kam es dann auch. Um 20.04 Uhr sprangen die ersten Polizisten ohne Vorwarnung über die Absperrgitter und prügelten wie von Sinnen auf Zuschauer und Demonstranten ein. Zuvor hatten schon Jubelperser mit Eisenstangen, an deren Ende persische Flaggen befestigt waren, um sich geschlagen. Manche Opfer blieben blutend liegen. Dann tauchten die Schergen des Schahs im U-Bahnhof Deutsche Oper unter, und die Polizei ließ die Zugänge umgehend sperren. So kam niemand mehr heraus und vor allem niemand mehr hinein.

Keilförmig wurden nun die »geplatzten Enden« der Demonstration attackiert und die schutzlosen Demonstranten in die Flucht geschlagen. Panik machte sich breit. Ein Augenzeuge berichtete: »Die Polizei trieb die Menge mit Gummiknüppeln in Richtung Kaiserdamm, man sah sich gezwungen, über Kommilitonen, die nicht so schnell aufstehen konnten, zu trampeln. Ich habe gesehen, wie ein Polizist einem jungen Mann auf das rechte Auge schlug, sodass die ganze Gesichtshälfte blutüberströmt war.« Dann begann die Aktion »Füchse«: Greiftrupps der Polizei machten Jagd auf die Fliehenden. Bis zum Kurfürstendamm verfolgten Hunderte von Polizisten die flüchtigen Protestierer, die wie um ihr Leben rannten.

Eine Gruppe floh in die Krumme Straße, unter ihnen auch der 26-jährige Romanistik-Student Benno Ohnesorg, Mitglied der Evangelischen Studentengemeinde. Es war die erste Demonstration seines Lebens, und es würde seine letzte sein. Weil es so warm war, trug er Sandalen, sogenannte »Jesuslatschen« – nicht gerade das passendste Schuhwerk für so einen Anlass –, eine helle Sommerhose und ein auffälliges, rotes Hemd. Schließlich landete er mit anderen zusammen in einem Parkhof, der nur von einer Seite zugänglich war – eine regelrechte Falle.

In dem entstandenen und im Wortsinn unheimlichen Durcheinander schlugen Polizisten auf Demonstranten ein, von denen einige zu Boden gingen. Eine Augenzeugin sah, wie der Mann im roten Hemd hinter einem geparkten VW Käfer stand und offenbar versuchte, wieder auf die Krumme Straße zu gelangen: »Zwei uniformierte Beamte versuchten, ihn daran zu hindern. Von hinten tauchte plötzlich ein uniformierter Beamter aus dem Dunkeln auf und schlug dem Mann im roten Hemd mit dem Schlagstock hinten auf den Kopf. Der Getroffene sank langsam in sich zusammen, und nun kamen die beiden Polizisten hinzu, und zu dritt schlugen sie auf ihn ein.«

Inzwischen ist es 20.30 Uhr, und drinnen in der Deutschen Oper beginnt die Königin der Nacht mit ihrer großen Arie. Draußen herrscht derweil Krieg. Mitten im Getümmel das Geräusch eines Schusses. »Ich habe zwischen all diesen Geschehnissen einen Knall gehört«, erinnerte sich die Augenzeugin, die ihn aber nicht als Schuss aus einer Pistole deutete. Ein anderer Augenzeuge berichtete: »Und dann habe ich das Mündungsfeuer der Pistole gesehen, ungefähr in Kopfhöhe. Im nächsten Moment lag der Student am Boden und rührte sich nicht.« Die andere Augenzeugin beugte sich zu ihm hinunter, konnte aber nur noch ein Röcheln vernehmen. Mehrere Zeugen wollen gehört haben, wie ein Polizist dem Schützen zurief: »Bist du denn wahnsinnig, hier zu schießen?!« Kriminalobermeister Karl-Heinz Kurras, der mit seiner Walther PPK 7,65 Kaliber aus ein-einhalb Metern Entfernung in Benno Ohnesorgs Hinterkopf geschossen hatte, soll geantwortet haben: »Die ist mir losgegangen.«

Auf einem Tonband, das später vor dem Landgericht abgespielt wurde, war zu hören, wie Kurras von seinem Einsatzleiter vor Ort befohlen wurde, sich zu »verdünnisieren«: »Schnell weg! Kurras gleich nach hinten! Los!« Dieser folgte aufs Wort, ging zunächst zum Polizeipräsidenten und dann nach Hause, ließ das Magazin seiner Dienstpistole verschwinden und brachte seine Uniform zur Reinigung, um möglichst viele Spuren zu verwischen. Kurras blieb auf freiem Fuß, anders als Fritz Teufel, der wegen eines angeblichen Steinwurfs in Haft genommen wurde.

Währenddessen kniete die Studentin Friederike Hausmann neben dem Schwerverletzten und legte ihre Handtasche unter seinen blutigen Kopf. In diesem Augenblick drückte der Fotograf Jürgen Henschel auf den Auslöser seiner Kamera. Er konnte nicht wissen, dass er in dieser Sekunde *das* Bild aufgenommen hatte, das bis heute zur Ikonografie der Protestbewegung gehört wie wenige andere. Das Opfer starb noch im Krankenwagen. Unmittelbar danach begannen die Versuche von Polizei und Politik, das Geschehene – den absichtlich abgegebenen tödlichen Schuss eines Berliner Polizeibeamten auf den unbewaffneten Studenten Benno Ohnesorg – zu vertuschen, zu leugnen, umzulügen oder zu relativieren. Das war der Skandal nach dem Skandal – und er sollte Folgen über Jahrzehnte hinaus haben, die die Bundesrepublik stärker veränderten als so manche Bundestagswahl.

Ich war auf dringendes Bitten von Rudi zu Hause geblieben. Es war die Zeit meiner ersten Schwangerschaft. Immer wieder bat er mich aus Angst, dem ungeborenen Kind könnte etwas geschehen, einer Demonstration fernzubleiben beziehungsweise früher nach Hause zu gehen. Und wer weiß, was mir an diesem Abend des 2. Juni 1967 passiert wäre? Rudi kam noch in der Nacht zurück aus Hamburg, weil er im Radio gehört hatte, was geschehen war. Kaum angekommen schlug ihm am Bahnhof auch schon die Meldung entgegen, ein Student habe einen Polizisten erschlagen – eine von der Polizei ganz bewusst verbreitete Falschinformation.

Dann sprach die Polizei von angeblich vorher abgegebenen »Warnschüssen« und einer »Notwehrsituation« des schießenden Beamten. Noch in der Nacht wurde das Gerücht gestreut, ein Demonstrant habe einen Polizisten erstochen. Die erste Diagnose der Todesursache im Moabiter Krankenhaus lautete merkwürdigerweise auf Schädelbasisbruch, doch bei der Obduktion Benno Ohnesorgs am nächsten Tag wurde ein »Gehirnsteckschuss« festgestellt. Seltsam nur, dass das durchschossene Stück des Schädelknochens offenbar herausgesägt worden war, von wem auch immer.

In den Berliner Morgenzeitungen war kein Wort über den toten Benno Ohnesorg zu lesen. Stattdessen erweckten die Berichte den Eindruck, als ob die Schah-Gegner für den Tod eines Menschen verantwortlich seien. »Blutige Krawalle: 1 Toter« lau-

lügt

tete die Schlagzeile von _Bild_. Darunter das Foto eines verletzten Polizisten. Im Artikel hieß es: »In Berlin gab es bisher Terror nur östlich der Mauer. Gestern haben bösartige und dumme Wirrköpfe zum ersten Mal versucht, den Terror in den freien Teil der Stadt zu tragen.« Der Kommentar ging noch einen Schritt weiter in dem Bemühen, die Dinge auf den Kopf zu stellen und die Opfer zu Tätern zu machen: »Sie müssen Blut sehen. Hier hören der Spaß und der Kompromiss und die demokratische Toleranz auf. Wir haben etwas gegen SA-Methoden. Die Deutschen wollen keine braune und keine rote SA.« Und die _B.Z._ assistierte: »Wer Terror produziert, muss Härte in Kauf nehmen.«

Diese durchschaubare Strategie versetzte nicht nur linke Studenten und andere Demonstranten in sprachloses Entsetzen, sondern auch viele liberale und konservative Beobachter. Wie sehr aber auch die politische Spitze der antikommunistischen »Frontstadt« Berlin in ihrem fest gefügten, geradezu hysterischen Feindbild gefangen war, zeigte die allererste über den Rundfunk verbreitete Stellungnahme des Regierenden Bürgermeisters Heinrich Albertz, eines evangelischen Pastors und Sozialdemokraten – hier im Wortlaut von 1967: »Die Geduld der Stadt ist am Ende. Einige Dutzend Demonstranten, unter ihnen auch Studenten, haben sich das traurige Verdienst erworben, nicht nur einen Gast der Bundesrepublik Deutschland in der deutschen Hauptstadt beschimpft und beleidigt zu haben, sondern auf ihr Konto gehen auch ein Toter und zahlreiche Verletzte. [...] Die Polizei, durch Rowdies provoziert, war gezwungen, scharf vorzugehen und von ihren Schlagstöcken Gebrauch zu machen. Ich sage ausdrücklich und mit Nachdruck, dass ich das Verhalten der Polizei billige und dass ich mich durch eigenen Augenschein davon überzeugt habe, dass sich die Polizei bis an die Grenzen des Zumutbaren zurückgehalten hat.«

Das Wort »Fake-News« gab es 1967 noch nicht. Aber was war diese komplette Verdrehung von Tatsachen anderes als eine Falschdarstellung? Und dies von höchster Stelle aus? Der Schock über den gewaltsamen Tod eines Kommilitonen saß schon tief genug. Doch vielleicht war die Bestürzung über die offiziellen Lügenmärchen noch größer, die für ein paar Tage jedenfalls Orwell'sche Züge angenommen hatten. Senat, Polizei und Presse schienen sich verschworen zu haben, die Lüge zur Wahrheit umzudichten. Es war diese Mischung aus Zynismus, nachwirkender Naziideologie und absurdem Zurechtdeuten der Wirklichkeit, die der Studentenbewegung den entscheidenden Schub gab.

Selbst die Justiz war Teil dieser politisch motivierten Realitätsverweigerung. Zweimal wurde Karl-Heinz Kurras freigesprochen. Nicht etwa deshalb, weil Zweifel daran bestanden hätten, dass er den tödlichen Schuss abgegeben hat, sondern weil eine »putative«, also eingebildete Notwehr angeblich nicht auszuschließen war. »Es hat sich sogar nicht ausschließen lassen, dass es sich bei dem Abdrücken der Pistole um ein ungesteuertes, nicht vom Willen des Angeklagten beherrschtes Fehlverhalten gehandelt hat.«

Zur bösen Ironie dieser an sich schon unglaublichen Geschichte gehört, dass Kurras von 1955 bis zum Zeitpunkt seiner Tat Inoffizieller Mitarbeiter (IM) der DDR-Staatssicherheit gewesen war. Ein Umstand, der erst vor einigen Jahren entdeckt wurde. Wäre er damals schon bekannt gewesen, wäre einiges anders verlaufen. Festzuhalten bleibt die bittere deutsch-deutsche Groteske, dass der Westberliner Polizist als DDR-Stasimann auf linke West-Demonstranten feuert, ein Mann, der seit 1964 gleichzeitig Mitglied der Sozialdemokratischen Partei Deutschlands (SPD) und der Sozialistischen Einheitspartei Deutschlands (SED) war. Womit er möglicherweise idealtypisch jene Schizophrenie des geteilten Berlin repräsentierte, in der Provokation und Hysterie, Angst und Schuldzuweisungen sich gegenseitig aufschaukelten.

Am 2. Juni hatte sich ein Abgrund aufgetan, war die Konfrontation zweier Welten, zweier Lager, zweier Generationen offenbar geworden. Auf einer Versammlung ein paar Tage später sagte die junge Gudrun Ensslin, dass man mit »dieser Auschwitz-Generation nicht reden« könne. »Wir müssen uns bewaffnen!« Kaum ein Jahr später kam es genau dazu. Die Mehrheit der Rebellen dagegen dachte nicht an Bewaffnung, sondern suchte unverändert nach Möglichkeiten, die Bevölkerung von ihrem Anliegen zu überzeugen.

Derweil tat die regierende Elite fast alles, um den Eindruck, einen Polizeistaat zu verwalten, auch noch zu bestärken. Etwa durch das absolute Demonstrationsverbot, das der Regierende Bürgermeister im Fernsehen aussprach. Nicht einmal eine spontane Trauerkundgebung war gestattet. Stattdessen erging die Androhung von Schnellgerichten. Und natürlich nicht die Spur einer Entschuldigung etwa vonseiten des Senats und der Polizeiführung, gar der Empathie und des Mitleids mit den tatsächlichen Opfern. Nein, wir waren die Staatsfeinde. Am Vormittag des 3. Juni gingen Rudi und ich zum FU-Campus in Dahlem, von wo aus sich ein paar Hundert Studenten zum Rathaus Schöneberg aufmachen wollten. Doch die Polizei hinderte uns daran, loszugehen. Am Nachmittag hatten sich dann schon 2000, später bis zu 4000 Leute versammelt, darunter auch der Schriftsteller Günter Grass.

Viele kamen in Trauerkleidung oder hatten schwarze Armbinden angelegt. Wasserwerfer und Mannschaftswagen fuhren auf. Der Dekan der Wirtschafts- und Sozialwissenschaften gestattete die Öffnung von Hörsälen, und so jagte ein Teach-in das andere. Überall standen diskutierende Gruppen herum, wurden Plakate und Flugblätter entworfen. »Es gab plötzlich eine für alle überraschende Kraft zu Begegnungen und Diskussionen«, erinnerte sich SDS-Mitglied Peter Mosler später. »Studenten, die sich nicht kannten, richteten ohne Zögern das Wort aneinander, in allen die glühende Wut gegen die Lügen der Zeitungen und die Verdrehungen des Senats. Das Gefühl großer Gemeinsamkeit und des Zusammenhalts schwappte auf alle über, es gab die Stimmung: Hic Rhodus, hic salta, jetzt springe ich!«

Und tatsächlich, unsere Entschlossenheit erfuhr noch einmal einen gewaltigen Schub. Unter stürmischem Beifall der Tausenden forderte Rudi den Rücktritt des Regierenden Bürgermeisters, des Innensenators und des Polizeipräsidenten. Was sonst eher wie eine rhetorische Übung im routinierten politischen Kampf ausgesehen hätte – hier traf sie ins Schwarze. Es dauerte nur einen Sommer lang, kaum drei Monate, bis alle drei ihre Ämter zur Verfügung stellten. Aber noch war die Situation bedrückend, und so begannen wir unsere Gegeninformations-

offensive mit aller Kraft – und einem autonomen Ermittlungs-
ausschuss. Obwohl immer noch alle öffentlichen Versammlungen verboten waren, sah man nun überall in der Stadt Gruppen
diskutierender Menschen. Plötzlich redete er mit uns, der »normale« Berliner Bürger.

Freilich gab es auch furchtbare Reaktionen, die zeigten, dass
der Nazigeist auch mehr als 20 Jahre nach dem Untergang des
»Dritten Reiches« noch lebendig war. Hier und da wurden Flug-
blattverteiler verprügelt, und in Briefen an den SDS hieß es
unter anderem: »Mir graust, wenn ich daran denke, dass dieser Pöbel später mal die Führerschicht in unserem Vaterlande
stellen soll. Hier fehlt ein Innenminister wie Hermann Göring,
der mit den Ganoven aus dem Scheunenviertel spielend fer-
tigwurde.« Ein anderer »anständiger Berliner« schrieb: »Unge-
ziefer muss man mit Benzin begießen und anzünden! Tod der
roten Studentenpest!« Noch unverhohlener ein drittes Beispiel:
»Bei meinen Kollegen und Verwandten liegen ab sofort Hunde-
peitschen und Weichmacher bereit. Sollte sich ein Rowdy von
Ihrer Sorte nochmals an unsere Türen wagen, dann machen wir
Mus aus Euch Mistbande. Die Polizei war nämlich viel zu anstän-
dig zu Euch. Wir hätten gleich mit dem MG dazwischengehal-
ten, damit Euch ein für alle Mal die Lust am Radau vergangen
wär.« Schließlich riet jemand der hochschwangeren Witwe von
Benno Ohnesorg anonym: »Der Tod Ihres Mannes kann noch
einen Sinn haben, wenn es Ihnen gelingt, dem Kind, das Sie erwarten, klarzumachen, dass sein Vater ein Fehlentwickler war.«

All die menschenfeindlichen Ressentiments wurden durch
die schwarzen Fahnen, die nun an vielen Häusern in der Stadt

hingen, weiter befeuert. Auch ich kaufte ein großes Stück schwarzen Stoff und hängte es aus dem Fenster. Die feindseligen Reaktionen kamen prompt. Als ich im Hof den Mülleimer leerte, fauchte mich eine Nachbarin an, wir sollten gefälligst das dreckige schwarze Tuch entfernen. Es blieb natürlich hängen.

Inzwischen hatte die liberale bürgerliche Presse – *Zeit, Spiegel, Stern* und *FAZ* – ihre Sprache wiedergefunden. Sebastian Haffner nannte die »Berliner Blutnacht« einen »systematischen, kaltblütig geplanten Pogrom«, und Karl Heinz Bohrer zog in der *FAZ* Parallelen zu »faschistischen oder halbfaschistischen Ländern«. Theodor W. Adorno unterbrach seine Vorlesung »Ästhetik I« in der Frankfurter Universität, um sich mit den Berliner Studenten zu solidarisieren. Schließlich wurde der öffentliche Druck so groß, dass das Abgeordnetenhaus einen parlamentarischen Untersuchungsausschuss einsetzte.

Die provozierte Antwort:
Radikale Opposition

Unterdessen übernahm an den meisten Fakultäten die Studenschaft eine Woche lang den Lehrbetrieb der FU – der politische Ausnahmezustand schuf sich seine eigenen Regeln. Nach und nach wurde daraus das Projekt einer selbstbestimmten »Kritischen Universität«, die den Versuch wagen wollte, Wissenschaft und Wirklichkeit, Theorie und Politik, sprich Praxis, miteinander zu verbinden. Ein großer Anspruch, der über zwei Semester lang an allen Berliner Hochschulen versuchsweise umgesetzt wurde. Dennoch resümierte das SDS-Mitglied Klaus Hartung zehn Jahre später: »Die Schlacht an der Oper, der 2. Juni 1967, hatte eigentlich alle Merkmale einer Niederlage. Aber: Dass der Senat überhaupt es sich zum Ziel gesetzt hatte, die studentische Opposition zu vernichten, und dies mit allen Anzeichen militärischer Vorbereitung, das erst stellte uns unsere Macht vor Augen. Von da ab gab es etwas zu verteidigen, was es vorher – im Nachkriegsdeutschland – noch nicht gegeben hatte: eine radikale Opposition.«

Einen Monat zuvor, am 5. Mai 1967, hatte Peter Schneider, ein Freund von Rudi, auf einer Vollversammlung aller Fakultäten der Freien Universität noch die mangelnde Radikalität dieser Opposition beklagt, ihr dauerhaftes Verharren in Opportunismus und Konventionen. In der auch wegen ihrer rhe-

torischen Dramaturgie und dem obstinat wiederholten »Wir«
berühmt gewordenen Rede spiegeln sich Geist und Lebensgefühl der beginnenden Revolte wie in kaum einem anderen
Text aus dieser Zeit, weshalb ich ihn hier ausführlich zitieren
möchte:

»Wir haben Fehler gemacht, wir legen ein volles Geständ-
nis ab: Wir sind nachgiebig gewesen, wir sind anpassungsfähig
gewesen, wir sind nicht radikal gewesen. Wir sind, als wir unsere Professoren in langen Talaren und schwarzen Käppis erblick-
ten, nicht in ein nicht enden wollendes Gelächter ausgebrochen.
Wir haben uns wieder hingesetzt, als wir uns wieder hinsetzen
durften. Wir haben unsere Universität freie Universität genannt,
obwohl wir da gar nicht sicher waren. Wir haben uns ein Semester lang mit der Frage beschäftigt, warum die Goten das t
hauchten, und wir haben über einen Franzosen des neunzehn-
ten Jahrhunderts gearbeitet, der seinerseits über einen Römer
des zweiten Jahrhunderts gearbeitet hatte. Wir haben Seminar-
arbeiten gemacht, die zu machen reine Zeitverschwendung war.
Wir haben Seminarsitzungen protokolliert, die nicht zu pro-
tokollieren, sondern nur zu kritisieren waren. Wir haben Tatsachen auswendig gelernt, aus denen nicht das Mindeste zu
lernen war. Wir haben Prüfungen vorbereitet, die nur der Prüfung unseres Gehorsams dienten.

[...]

Wir haben es dahin kommen lassen, dass sie uns anlässlich
eines Sit-ins, das sich ausdrücklich gegen die unerträgliche Ruhe
und Ordnung an dieser Universität richtete, mit einem Hinweis
auf Ruhe und Ordnung zu Ruhe und Ordnung zu bringen ver-

suchten. Wir haben in aller Sachlichkeit über den Krieg in Vietnam informiert, obwohl wir erlebt haben, dass wir die unvorstellbarsten Einzelheiten über die amerikanische Politik in Vietnam zitieren können, ohne dass die Fantasie unserer Nachbarn in Gang gekommen wäre, aber dass wir nur einen Rasen betreten zu brauchen, dessen Betreten verboten ist, um ehrliches, allgemeines und nachhaltiges Grauen zu erregen. Da sind wir auf den Gedanken gekommen, dass wir erst den Rasen zerstören müssen, bevor wir die Lügen über Vietnam zerstören können, dass wir erst die Marschrichtung ändern müssen, bevor wir etwas an den Notstandsgesetzen ändern können, dass wir erst die Hausordnung brechen müssen, bevor wir die Universitätsordnung brechen können. Da haben wir den Einfall gehabt, dass das Betretungsverbot des Rasens, das Änderungsverbot der Marschrichtung, das Veranstaltungsverbot der Baupolizei genau die Verbote sind, mit denen die Herrschenden dafür sorgen, dass die Empörung über die Verbrechen in Vietnam, über die Notstandspsychose, über die vergreiste Universitätsverfassung schön ruhig und wirkungslos bleibt.

Da haben wir gemerkt, dass sich in solchen Verboten die kriminelle Gleichgültigkeit einer ganzen Nation austobt. Da haben wir es endlich gefressen, dass wir gegen den Magnifizenz-Wahn und akademische Sondergerichte, gegen Prüfungen, in denen man nur das Fürchten gegen Seminare, in denen man nur das Nachschlagen lernt, gegen Ausbildungspläne, die uns systematisch verbilden, gegen Sachlichkeit, die nichts weiter als Müdigkeit bedeutet, gegen die Verketzerung der Emotion, aus der die Herrschenden das Recht ableiten, über die Folterungen in

Vietnam mit der gleichen Ruhe wie über das Wetter reden zu dürfen, gegen demokratisches Verhalten, das dazu dient, die Demokratie nicht aufkommen zu lassen, gegen Ruhe und Ordnung, in der die Unterdrücker sich ausruhen, gegen verlogene Rationalität und wohlweisliche Gefühlsarmut – dass wir gegen den ganzen alten Plunder am sachlichsten argumentieren, wenn wir aufhören, zu argumentieren, und uns hier in den Hausflur auf den Fußboden setzen. Das wollen wir jetzt tun.«

Vier Wochen später war es mit der Ruhe und der Ordnung endgültig vorbei, und heute besteht kein Zweifel mehr: Die Revolte, die so sehr mit der Jahreszahl 1968 verbunden ist, begann am 2. Juni 1967. Am 8. Juni, sechs Tage nach Benno Ohnesorgs Tod, fand eine Trauerfeier in der FU statt. Danach gaben ihm 15 000 Menschen das letzte Geleit bis zum Grenzkontrollpunkt Dreilinden, von wo aus er in seine Heimatstadt Hannover überführt werden sollte. Dort an der Grenze standen an die 1000 DDR-Bürger, darunter viele FDJler, gewiss auch Stasibeamte und verdiente SED-Genossen, die den 200 Autos zählenden Trauerkonvoi ohne jegliche Kontrolle – und ohne die üblichen Zwangsgebühren – passieren ließen.

Wie bei so vielen anderen Gelegenheiten hielt der Theologieprofessor Helmut Gollwitzer auch jetzt eine kurze Ansprache, in der er an Benno Ohnesorgs »Leidenschaft für den Frieden« erinnerte: »Nehmt diesen ersten unkontrollierten Konvoi seit Kriegsende als Zeichen der Verheißung für ein künftiges friedliches Deutschland, in dem man wieder ungehindert durch Autobahngebühren, Stacheldrähte und Mauern frei hin- und herfahren kann.«

Ich hatte Gollwitzer schon 1964 durch den Besuch seiner Vorlesung kennengelernt. Davon erzählte ich Rudi später, der gleich begeistert war: »Ich weiß, wer Gollwitzer ist«, sagte er. »Ich bin schon mehrmals zu seinen Predigten in die Kirche gegangen. Es lohnt sich, die Vorlesungen anzuhören, ich komme mit.« Von nun an konnte ich mit Rudi über die gehörten Vorlesungen diskutieren, was mir auch half, mein Sprachverständnis weiter zu verbessern. Zwei Jahre später wurde ich bei Professor Gollwitzer Theologiestudentin.

Rudi und ich freundeten uns mit den Gollwitzers an, die uns in der Not immer unterstützt haben. Entscheidender aber war das, was Gollwitzer für die aufkeimende Bewegung bedeutete. Er war der einzige Professor an der FU, der immer und unter allen Umständen zu den rebellierenden Studenten hielt. Er war bei Demonstrationen dabei und hielt oft Reden. Sein Einsatz für Menschlichkeit, Demokratie und Befreiung von Unterdrückung mit Herz, Hirn und Leib war genau das, was die Studenten von ihm lernen konnten. Die meisten Studenten waren nicht religiös, weswegen sie die theologische Seite von Gollwitzers Denken nicht zur Kenntnis nahmen. Doch als offener und solidarischer Dialogpartner war er immer hoch geschätzt.

Vom Straßenrand aus beobachtete auch das spätere Mitglied der »Bewegung 2. Juni« Bommi Baumann den Konvoi für Benno Ohnesorg: »Irgendwie hat mir das ein irres Ding gegeben damals, Benno Ohnesorg. Echt, sein Sarg, wo der an mir vorbeigefahren ist, hat's richtig kling gemacht. Da ist einfach irgendetwas abgefahren.« Der Name der Untergrundgruppe war mit Bedacht gewählt. Denn nach der historischen Zäsur des

2. Juni fragten sich auch friedlich gesinnte Zeitgenossen, ob zu Aufklärung, Aktion und Gegenöffentlichkeit nicht auch »Gegengewalt« gehöre. Angesichts der manifesten Gewalt des Staatsapparates, der zumindest in einzelnen Teilen nicht frei war von faschistoiden Tendenzen, stellte sich jene »Gewaltfrage«, die fortan immer mehr die Debatte über Wege und Ziele in der Protestbewegung bestimmte.

Am Tag nach Ohnesorgs Beerdigung in Hannover, an der 10 000 Menschen teilnahmen, begann in der Landeshauptstadt ein Kongress mit dem recht akademischen Titel »Hochschule und Demokratie – Bedingungen und Organisation des Widerstands«. Es kamen Tausende, um über die neue Lage zu reden. Die erregte Debatte zog sich über Stunden. Es ging um die Zukunft der Revolte.

Der Tod Benno Ohnesorgs hat Teile einer ganzen Generation politisiert und, ja, auch radikalisiert. Der Frankfurter Soziologieprofessor Jürgen Habermas wurde gleich grundsätzlich und formulierte Thesen, die für heftigen Streit sorgten. Im Zentrum stand die Gewaltfrage – kein Wunder nach diesen ersten Junitagen. Zunächst ging es um die Gewalt, die vom Staatsapparat ausging. »Sollte unser begründeter Verdacht auf Terror«, so hob Habermas an, »nicht mit aller wünschenswerten Konsequenz aufgeklärt und sollte er nicht unmissverständliche, juristische und erhebliche politische Folgen haben, dann werden wir den 2. 6. 1967 als einen Tag in Erinnerung behalten müssen, an dem die Gefahr nicht etwa nur einer schleichenden Austrocknung, sondern einer manifesten Einschränkung der Demokratie in unserem Lande für jeden Bürger sichtbar geworden ist.«

Bis hierhin dürften die allermeisten Zuhörer mit Habermas einverstanden gewesen sein. Doch dann formulierte er seinen scharfen Einspruch gegen die vermeintliche Strategie des SDS, die ihm gefährlich schien. Er sagte, die »Befriedigung daran, durch Herausforderung die sublime Gewalt in manifeste Gewalt umzuwandeln«, sei »masochistisch«, eine »Unterwerfung unter eben diese Gewalt«. Stattdessen müsse die »demonstrative«, also symbolische Gewalt des Protests nach wie vor »durch das Ziel der Aufklärung definiert« sein. Habermas hielt also an der Parole aus der Anfangszeit »Aufklärung durch Aktion« fest und kritisierte jedwede Eskalationsstrategie der außerparlamentarischen Opposition, die durch immer radikalere Provokationen staatliche Gewaltmaßnahmen geradezu herauskitzeln wolle, um sie anschließend als faschistoid, gar faschistisch denunzieren zu können.

Umgehend widersprach der AStA-Vorsitzende der FU, Wolfgang Lefèvre, mit dem Argument, in Zeiten, da der Einsatz für eine demokratische Gesellschaft kriminalisiert werde, müsse »man eben illegal werden, wenn man noch Demokrat sein will«. Damit reklamierte er so etwas wie ein übergesetzliches Widerstandsrecht. Auch Hans-Jürgen Krahl, der Frankfurter SDS-Wortführer, sah den hochgerüsteten Staatsapparat als Widersacher einer Rebellion, die sich einer ideenreichen Guerillataktik bedienen müsse, um sich zu behaupten. Es war inzwischen spät geworden, Teile des Publikums wollten schon gehen.

Rudi hatte bis dahin noch nichts gesagt. Dann ging er zum Rednerpult und legte los: »Bei Professor Habermas kann es noch mit Marx so heißen, es genügt nicht, dass der Gedanke zur

Wirklichkeit drängt, die Wirklichkeit muss zum Gedanken drängen.« Dies sei aber nun in greifbarer Nähe: »Alles hängt vom bewussten Willen der Menschen ab, ihre schon immer von ihnen gemachte Geschichte endlich bewusst zu machen.«

Es folgte jener berühmte Satz, der die Auseinandersetzung mit Habermas auf die Spitze trieb: »Ihr begriffsloser Objektivismus erschlägt das zu emanzipierende Subjekt!« Großer Beifall, Jubel im Saal, auch wenn nicht alle sofort verstanden haben, was genau damit gemeint war. Zum Schluss forderte Rudi alle westdeutschen Studenten auf, »umgehend Aktionszentren in den Universitäten der BRD aufzubauen«. In Westberlin sollten Kampfaktionen stattfinden, falls der Senat an den Demonstrationsverboten festhalten würde. Danach, es ging schon auf Mitternacht zu, verließ Rudi die sich allmählich auflösende Versammlung und reiste ab.

Habermas, der schon im Auto gesessen hatte, kehrte noch einmal in den Saal zurück und nahm den Fehdehandschuh auf. »Herr Dutschke hat als konkreten Vorschlag, wie ich zu meinem Erstaunen nachher festgestellt habe, nur vorgetragen, dass ein Sitzstreik stattfinden soll. Das ist eine Demonstration mit gewaltlosen Mitteln. Ich frage mich, warum nennt er das nicht so? Warum braucht er eine Dreiviertelstunde, um eine voluntaristische Ideologie hier zu entwickeln, die man (Zurufe, Zischen) im Jahr 1848 utopischen Sozialismus genannt hat und unter heutigen Umständen – jedenfalls, ich glaube, Gründe zu haben, diese Terminologie vorzuschlagen – linken Faschismus nennen muss (Beifall, Pfui-Rufe, Pfiffe). Ich hätte gern geklärt, ob er nun willentlich die manifeste Gewalt herausgefordert hat

nach den kalkulierten Mechanismen, die in diese Gewalt einge-
baut sind, und zwar so, dass er das Risiko von Menschenverlet-
zung, um mich vorsichtig auszudrücken, absichtlich einschließt
oder nicht. Oder habe ich ihn total missverstanden? (Zuruf:
›Sie haben ihn missverstanden. Total missverstanden‹) So, so.
Bitte, bin ich der Einzige, der ihn so missverstanden hat? (Zurufe: ›Nein! Nein!‹)«

Das böse Wort war heraus: »Linker Faschismus«. Habermas
nahm die Formulierung zwar später zurück, doch der grund-
sätzliche Streit blieb. Rudi, der erst am folgenden Abend im Re-
publikanischen Club in Berlin durch Tonbandmitschnitte davon
erfuhr, notierte in seinem Tagebuch: »Habermas will nicht begreifen, dass allein sorgfältige Aktionen Tote […] vermeiden
können. Organisierte Gegengewalt unsererseits ist der größte
Schutz, nicht organisierte Abwiegelei à la Habermas. Der Vorwurf der voluntaristischen Ideologie ehrt mich.«

Dieser Vorwurf zielte darauf, dass eine voluntaristische
Ideologie mit dem marxistischen Verständnis von Geschichte
und Gesellschaft nicht vereinbar ist, wonach nicht der freie Wille des Menschen den Gang der Geschichte bestimmt, sondern
die Bewegung, die sich aus den Widersprüchen der gesellschaftlichen Zustände heraus entwickelt. Er enthielt also im Kern
die Frage, ob Rudi sich als Marxist betrachten konnte. Er sagte
später selbst, dass er die analytische Methode von Marx für
richtig hielt, aber viele seiner gesellschaftspolitischen Schluss-
folgerungen als falsch betrachtete.

Das bis zu einem gewissen Grade zweifellos vorhandene
voluntaristische Element in Rudis Vorstellungen resultierte aus

dem Einfluss, den die existenzialistische Philosophie – die Theoreme der Geworfenheit, der Entfremdung des Individuums in der Gesellschaft und der Notwendigkeit für den Einzelnen, durch die eigene Entscheidung seiner Existenz einen Sinn in all der Sinnlosigkeit der Geschichte zu verleihen – auf ihn wie auf viele andere Intellektuelle der Zeit hatte. Tatsächlich hatte Rudi dort, wo für Existenzialisten der Sinn im Handeln der Menschen aus der existenziellen Entscheidung des Einzelnen entsprang, den Grundgedanken von Marx übernommen, dass die Erfahrung der Entfremdung viele Gesellschaftsmitglieder vereinte und sich daraus solidarisches Handeln entwickeln könne.

Am 13. Juni 1967 schließlich demonstrierten 4000 Menschen in Berlin – der Senat hatte das Verbot aufgehoben, unter der Bedingung, dass pro Demonstrant ein »Ordner« gestellt würde. Die Studenten drehten den Spieß um und ließen jeweils 50 Ordner in Marschformation laufen – mit Armbinden und fiktiven Dienstnummern –, die einen Protestierer beaufsichtigten, der ein Schild mit der Aufschrift »Demonstrant« hochhielt. Klar, dass die Kommune 1 sich bei dieser Inszenierung besonders hervortat: In weiße Bettlaken gehüllt defilierten die Kommunarden unter der Parole »Radikalinskis aller Länder, tut Buße!« über den Kurfürstendamm.

Einige warfen sich in mittelalterlicher Flagellantenmanier auf den Asphalt, und ein mitgeführter Teddybär trug das Bekenntnis um den Hals: »Ick schäme mir so!« Kurz darauf tauchte Fritz Teufel im Büßergewand und mit einer schweren schwarzen Eisenkugel am Fuße vor dem Moabiter Untersuchungsgefängnis auf. Er hatte mit Absicht seine Meldeauflagen versäumt und begehrte nun »freiwillig« Einlass – natürlich unter dem Gejohle seiner Genossen. Ein Sprecher der Justizvollzugsanstalt wies ihn von Amts wegen zurecht: »So einfach, wie Herr Teufel sich das vorstellt, ist es nicht, ins Gefängnis zu kommen.«

Die Berliner Presse, sonst auf Krawallkurs gegenüber uns, gab sich ausnahmsweise einmal fast versöhnlich. »Ein neuer Anfang vonseiten der Studenten ist gemacht«, hieß es da, und was als bittere Satire auf die »konzessionierte Demokratie« gemeint war, erschien nun als »Studentenkabarett unterm Funkturm«. Fritz Teufel aber kam dann doch noch in den Knast, den er allerdings am 1. Dezember wieder verlassen durfte. Drei Wochen später wurde er freigesprochen. Angesichts völlig widersprüchlicher Zeugenaussagen war der Tatvorwurf der »Rädelsführerschaft« beim »Landfriedensbruch« am 2. Juni nicht mehr zu halten. Selbst der Anklagepunkt des »einfachen Landfriedensbruchs« durch einen Steinwurf blieb ohne Folgen, nachdem etwa 700 Selbstanzeigen in derselben Sache eingegangen waren. Eine Verfahrenslawine drohte, und so zog sich das Gericht auf die Feststellung zurück, es liege kein Beweis dafür vor, dass »die Gewalttätigkeiten aufgrund einer psychischen Grundhaltung aus der Zusammenrottung heraus begangen« worden seien.

Es war wieder ein kleiner Sieg für die Rebellen, dem ein noch größerer Triumph vorausgegangen war. Schon Monate vorher, am 26. September 1967, war der Regierende Bürgermeister Albertz zurückgetreten, kurz zuvor der Innensenator. Auch Polizeipräsident Duensing, der eben noch so stolz auf seine Leberwursttaktik gewesen war, kehrte nicht mehr aus seinem Zwangsurlaub zurück.

Selbstverständlich wurden die Posten rasch neu besetzt, und von den 92 Verfahren gegen Polizeibeamte wegen ihres Verhaltens vor der Deutschen Oper wurden 82 eingestellt. Der neue Regierende Bürgermeister Klaus Schütz (SPD) knüpfte nahtlos an seinen Vorgänger an und ließ seine Genossen auf einem Parteitag wissen, dass er auf die protestierenden Studenten »notfalls verzichten könnte«, wenn die Bevölkerung nur »in Ordnung zu halten ist«. Hier offenbarte sich zum wiederholten Mal ein sehr merkwürdiges Verständnis einer Gesellschaft, die sich gerade im Umbruch befand. Heute würde man derartige Äußerungen allenfalls von der AfD vernehmen. Doch um genau diesen Umbruch ging es im Sommer 1967, jenem »Summer of Love«, der in Amerika von der Hippie-Bewegung geprägt wurde und in fast allen Teilen der Welt zu spüren war. Die Hippie-Hymne »San Francisco« sang Scott McKenzie:

»*If you're going to San Francisco,*
be sure to wear some flowers in your hair.
If you come to San Francisco,
summertime will be a love-in there.«

Es war auch ein Sommer fantastischer Musik, die so noch nie zu hören war. Der Sound eines Aufbruchs, der nicht nur die Köpfe beschäftigte, sondern auch die Gefühle. »All you need is love«, sangen die Beatles, »Let's spend the night together«, röhrte Mick Jagger von den Rolling Stones, »Freedom's just another word for nothin' left to lose«, sang Janis Joplin, und Procol Harum veröffentlichte »A Whiter Shade of Pale« – ein Lied, dessen romantischer Schmelz auch heute noch durch Mark und Bein geht. Nicht so bei Rudi. Er war für solche Töne und Schwingungen kaum anfällig. Er hörte lieber Arbeiterlieder der 20er- und 30er-Jahre, vorzugsweise gesungen von Ernst Busch, dem Schauspieler, Regisseur und kongenialen Interpreten der Musik von Hanns Eisler. Busch hatte in den 30er- und 40er-Jahren eine abenteuerliche Fluchtgeschichte kreuz und quer durch Europa – inklusive jahrelanger Haft in Nazigefängnissen.

Auch in Deutschland spürte man im Sommer 1967 die süße Luft kommender Veränderungen, die Atmosphäre einer neuen Zeit, aber es wäre nicht das Land der Dichter und Denker, würde darüber nicht erst einmal gründlich diskutiert. Drei ganze Tage lang stritten Tausende Studenten in Berlin über »das Ende der Utopie«. So lautete der Titel einer Vortragsreihe, zu der man den jüdischen Emigranten aus Nazi-Deutschland, nun Philosophieprofessor im kalifornischen Berkeley, Herbert Marcuse, eingeladen hatte. Sein Buch *Der eindimensionale Mensch. Studien zur Ideologie der fortgeschrittenen Industriegesellschaft* – eine scharfe Kritik am technokratischen Konsumkapitalismus – gehörte zum Lektürekanon der Revoltegeneration. Die Kernthese lautete: Die »totale Mobilisierung der bestehenden Gesellschaft gegen ihre eigene Möglichkeit der Befreiung« sei gescheitert, nun beginne die Realisierung dessen, was bisher nur als »Utopie« galt.

Zum Auftakt stellte Hans-Jürgen Krahl, theoretischer Kopf des Frankfurter SDS, die Frage des historischen Augenblicks:

»Wie ist es möglich, eine materiell-manifeste Gewaltlosigkeit zu organisieren im Hinblick auf eine Bürokratie, die selbst in toto in diesem System zu einer suprakonventionellen Waffe wird? Wie ist es möglich, eine waffenlose Opposition mit konkret revolutionärem, gegengewaltigem Anspruch darzustellen?« Was Krahl, der im Februar 1970 bei einem Autounfall ums Leben kam, in seiner zeittypisch abstrakten Weise formulierte, war nicht mehr und nicht weniger als die Frage nach der Revolution, die ohne »Gegengewalt« kaum denkbar wäre.

Marcuse antwortete vorsichtiger als Wochen zuvor Jürgen Habermas, der ja vor der Gefahr eines »linken Faschismus« gewarnt hatte. Nein, es gebe keine »allgemeine Organisierbarkeit« gewaltloser Proteste, da die Drohung der institutionalisierten, staatlichen Gewalt stets gegenwärtig sei. Obwohl man den demokratischen Rechtsstaat insgesamt verteidigen müsse, sei die Verletzung »positiven Rechts« erlaubt – eine waghalsige Gratwanderung zwischen begrenzten Regelbrüchen und einer »manifesten«, also militanten Gewalt, die das Risiko einer massiven Gegenreaktion der Staatsorgane und des »Systems« bewusst einging.

Marcuse entwarf also noch einmal das bekannte Axiom, dass sich die Kräfte der Umwälzung über die bestehenden Rechtsverhältnisse hinwegsetzen dürften, weil sie sich im Bunde mit der objektiven Tendenz der Geschichte und ihrem uneingelösten Befreiungsversprechen glauben: eine Art revolutionäres Notstandsgesetz. Doch zugleich beharrte er darauf: »Wir sind diejenigen, die die Demokratie verteidigen!« Viel mehr wusste der deutsch-amerikanische Philosoph dann auch nicht zu sagen, und so blieb, wie oft, die Zukunft der Revolte im Vagen – was freilich auch seinen Reiz hatte, weil es die politische Fantasie anregte.

Die Probleme des Widerstandsrechts und die Frage, wie eine »kleine radikale« Minderheit eine Mehrheit der Bevölkerung auf ihre Seite ziehen sollte, blieben ebenso ungelöst wie das Verhältnis von Theorie und Praxis der Protestbewegung überhaupt. Aber es war gerade die einzigartige Stärke dieser Bewegung, dass sie in diesem kritischen Augenblick nicht ins Stocken kam, sondern einfach weitermachte und unverdrossen nach vorne stürmte, ohne eine langfristige Strategie zu haben. Noch war die Eigendynamik ungebrochen.

Zu Hilfe kam uns damals vor allem die Borniertheit unserer Gegner in Staat und Gesellschaft, die den Schock einer radikalen Infragestellung der Verhältnisse noch längst nicht verdaut hatten. Sie waren sozusagen auf dem »falschen Fuß« erwischt worden und schwankten immer noch zwischen sprachloser Hilflosigkeit und überharten Reaktionen. Dennoch war klar, dass unsere Überlegungen, wie es nun weitergehen sollte, verstärkt werden mussten.

Die wilde Suche nach dem Glück: Zwischen Theorie und Praxis

Die scheinbar beste Gelegenheit dazu war die 22. Delegierten-konferenz des SDS im September 1967, auf der Rudi und Hans-Jürgen Krahl ein »Organisationsreferat« hielten, das es in sich hatte. Auch wenn seine Sprache heute wie aus einer anderen Welt zu kommen scheint, so wurde in ihr damals doch der Stand der revolutionären Dinge reflektiert, während im Foyer Dieter Kunzelmann Raubdrucke von Wilhelm Reich verkaufte, darunter *Die Massenpsychologie des Faschismus* und *Die Funktion des Orgasmus.*

Das Referat begann mit der Feststellung, dass das »giganti-sche System von Manipulation«, das alle ökonomischen und sozialen Widersprüche durch eine »globale Eindimensionalisie-rung« entschärfe, das allgemeine Bewusstsein bestimme. Des-halb seien »die Massen« nicht mehr »aus sich heraus fähig, sich zu empören«. Nur revolutionäre Bewusstseinsgruppen könn-ten aufgrund ihrer »spezifischen Stellung im Institutionswesen« noch Aufklärung durch »sinnlich-manifeste Aktion« leisten. Den »passiven und leidenden Massen« müsse durch »sichtbar irreguläre Aktionen die abstrakte Gewalt des Systems zur sinn-lichen Gewissheit« werden. Kurz: »Die Propaganda der Schüsse (Che) in der Dritten Welt muss durch die Propaganda der Tat in den Metropolen vervollständigt werden.« Und dann kam der

Satz, der nicht nur wegen seiner grammatikalisch-semantischen Extravaganz in die Annalen einging: »Der städtische Guerillero ist der Organisator schlechthinniger Irregularität als Destruktion des Systems der repressiven Institutionen.«

Vielleicht war die absichtliche Häufung abstrakter Begriffe auch eine psychologische Schutzmauer gegen leise Selbstzweifel, ob man auf dieser theoretischen Grundlage tatsächlich die Revolte vorantreiben könne. Das endgültige Ziel, die Realisierung der viel zitierten »konkreten Utopie«, blieb nach wie vor im Ungefähren. Die Thesen des Referats lösten jedenfalls heftige Kontroversen innerhalb des SDS aus, den die Ereignisse nach der Erschießung Benno Ohnesorgs selbst überrascht und überrollt hatten. Rudi schrieb später: »Über uns ist die Bewegung hereingebrochen, sagen wir es deutlich.«

Über Nacht war der SDS von der rein theoretischen zur praktischen Avantgarde geworden, was ihn sichtlich überforderte. Und plötzlich machten sich auch die beiden Flügel bemerkbar, die bis eben noch, im rasenden Fluss der Ereignisse, an einem Strang gezogen hatten: hier der antiautoritäre, teils spontaneistisch-aktionistische Flügel, dort die linken Traditionalisten, die der alten, verbotenen KPD nahestanden und sich ein paar Jahre später in der DKP wiederfanden. Hier die Vertreter der Neuen Linken, die auf gesellschaftliche Veränderungen im Spätkapitalismus flexibel reagieren wollten und soziale Randgruppen in den Blick nahmen, dort die gewerkschaftsnahe Traditions- und Parteilinke, deren einziger Bezugspunkt immer noch die Arbeiterklasse war, so, wie man sie aus den 20er-Jahren in Erinnerung hatte – mit Schwielen an den Händen, Blaumann und Schiebermütze. Konsequenterweise kritisierten seine Vertreter, darunter nun auch die SDS-Genossen Peter Gäng und Wolfgang Lefèvre, dass »die führende Rolle der Arbeiterklasse« nicht ausreichend anerkannt worden sei – der klassische Topos der DDR- und UdSSR-Freunde, von denen es mehr gab, als viele glauben wollten.

Dennoch setzte sich der antiautoritäre Flügel durch, und mit Frank und KD Wolff wurden zwei Brüder aus Frankfurt an die Spitze des SDS gewählt, die ihn glaubwürdig repräsentierten. Beide machten wenige Jahre später durchaus erfolgreiche Karrieren, die das Misstrauen der kommunistischen Dogmatiker bestätigten: »KD« wurde ein erfolgreicher Verleger, der mit einer spektakulären Hölderlin-Edition glänzte, Frank ein avantgardistischer Musiker, der sogar in China und Japan auftrat.

Die eigenartige Stimmung in diesem Herbst 1967 beschrieb die Journalistin Edelgard Skowronnek in der *Frankfurter Rundschau* in einer blendenden Reportage von der Frankfurter Buchmesse: »Plötzlich überfiel ein Schwarm Buntheit die Hotelsäle, laute Rufe, Schockfarben prangten auf. Wirbel, Unruhe, Turbulenz: Die ›Hippies‹ waren aufgezogen, die Blumenkinder, jüngste Spielart junger, mit der Gesellschaft unzufriedener Leute. Die Mädchen mit Blumen im Haar, in Mini-Mini-Röcken, daran kleine Glöckchen genäht, die jeden Schritt mit Gebimmel begleiten. Biedermeierfräcke, gesteppte Lederjacken an den Jungmännergestalten, bei irgendeinem Trödler aufgestöbert oder von Holland- und Englandreisen mitgebracht. […] Die bunte Brigade schlug Purzelbäume, drängte zu dem ausgedehnten kalten Büffet vor; sie umschwärmten es wie Heuschrecken, vergriffen sich mit flinker Hand an dem, was ihnen eigentlich nicht zugedacht war. Berlins ›ran an die Buletten‹ hatte seine Hippie-Form gefunden. Da griffen sie nach den appetitlich glasierten Hühnern, rissen Schenkel aus, benagten sie eifrig oder ließen sie plötzlich durch die Luft wirbeln. Der Klamauk war vollkommen. Hilflos standen würdige Herren und Damen im kleinen Schwarzen, unentschlossen, ob sie lachen oder protestieren sollten.«

Es war nicht nur ein Stillleben des Augenblicks, sondern auch eine Erinnerung daran, dass »68« viel mehr war als Straßendemonstrationen, Flugblätter und Theoriedebatten über revolutionäre Strategien. Es war ein antibürgerliches Lebensgefühl scheinbar unbegrenzter Befreiung, eine wilde Suche nach Glück an neuen Gestaden und eine Ahnung, dass jeder selbst Subjekt der Geschichte sein kann.

Am 28. November 1967 setzte die Deutsche Presseagentur (dpa) eine Meldung ab, als hätte ein Spitzenpolitiker eine Pressekonferenz abgehalten. Überschrift: »Dutschke fordert in Bremen zu revolutionären Aktionen auf«. Im Text heißt es, Dutschke habe »in der Nacht zum Dienstag die Bremer Jugend aufgefordert, Arbeitskreise zu bilden und Ansatzpunkte für revolutionäre Aktionen zu suchen. Dutschke sprach vor knapp tausend jungen Bremern im Kellerlokal ›Lila Eule‹. Er schlug vor, den Hafen zu untersuchen, da höchstwahrscheinlich auch Bremen zu den europäischen Häfen gehöre, in denen Güter nach Vietnam umgeschlagen würden. Nach seiner Meinung wäre es eine ›ungeheure Hilfe‹ für den Vietcong in Vietnam, wenn auch unter den Hafenarbeitern Hilfsgruppen gebildet werden könnten.«

Der Plan wurde aber schnell wieder aufgegeben, da das Risiko, dass durch die Aktion jemand verletzt oder gefährdet wird, als zu groß eingeschätzt wurde. Denn Rudi erlebte immer wieder am eigenen Leibe, dass selbst gewaltfreie, symbolische Aktionen riskant sein konnten. An Weihnachten 1967 ging er mit einigen anderen in den Mitternachtsgottesdienst der Berliner Kaiser-Wilhelm-Gedächtnis-Kirche. Die mitgebrachten Transparente gegen den Vietnamkrieg genügten, um helle Empörung unter den Christenmenschen auszulösen. Auf einem Plakat stand unter dem Foto eines gefolterten Vietnamesen der Bibelvers Matthäus 25,40: »Was ihr getan habt einem unter diesen meinen geringsten Brüdern, das habt ihr mir getan.« Jesu Botschaft fiel allerdings an diesem Heiligabend nicht auf fruchtbaren Boden.

Gewaltsam wurden die Eindringlinge hinausgedrängt. Als Rudi auf die Kanzel stürzte, um den Protest seinen »lieben Brüdern und Schwestern« zu erklären, wurde er von Gottesdienstbesuchern heruntergeholt und unter Rufen wie »Schämt euch!«, »Wascht euch erst einmal« und »Raus, ihr Schweine!« unsanft zum Ausgang geschoben. Zum bitteren Schluss schlug ihm auch noch ein Kriegsveteran mit seiner Krücke eine dreieinhalb Zentimeter lange Platzwunde am Kopf, die im Krankenhaus genäht werden musste. »Wir Deutschen haben immer sauber gekämpft«, sagte der alte Wehrmachtssoldat danach der Presse. »In Rotterdam zum Beispiel haben wir alles kaputt gemacht, aber die Kirchen ließen wir stehen.«

Als Rudi mit verbundenem Kopf und blutigem Hemd wieder nach Hause kam, sagte er: »Es ist nicht schlimm.« Ich schüttelte den Kopf: »Du musst vorsichtiger sein. Sie wollen dich umbringen.« »Nein, nein, so schlimm ist es nicht«, antwortete er. Schmerzhafter als die Wunde war die Erkenntnis, wie schwer es tatsächlich war, ins Bewusstsein jener Massen vorzudringen, die wir eigentlich gewinnen wollten. Rudi schrieb: »Die Spannung zwischen dem abstrakt-moralischen Protest und der Unmöglichkeit, durch diesen Protest den Krieg gegen das vietnamesische Volk zu beenden, musste von uns ausgehalten werden.«

Dennoch glaubten wir uns auf einem guten Weg. Im Fernsehgespräch mit Günter Gaus – schon das zeigte, wie stark wir inzwischen von der großen Öffentlichkeit wahrgenommen, ja respektiert wurden – sprach Rudi sogar von der Möglichkeit, im eigenen Land bewaffnet zu kämpfen, wenn etwa bundesdeutsche Truppen in Vietnam oder Bolivien zur Aufstandsbekämpfung eingesetzt würden. Das war zwar sehr unwahrscheinlich, offenbarte aber die gewachsene Entschlossenheit zum Widerstand, bei dem es, wie Ulrike Meinhof später in einer ihrer letzten *Konkret*-Kolumnen sagen sollte, darum gehe, dafür zu sorgen, »dass das, was mir nicht passt, nicht länger geschieht«. Sie hat das dann leider allzu wörtlich genommen und landete wenig später in der Sackgasse des RAF-Terrorismus.

Am Ende des Jahres 1967 jedoch herrschte eine eigentümliche Gemengelage zwischen Aufbruchsstimmung und Ungewissheit, großen Hoffnungen und dem drängenden Gefühl, nun müsse es aber auch richtig losgehen. Nur was, wie und wohin? Es scheint das Gesetz derartiger Bewegungen zu sein, dass sie keinen Stillstand vertragen. Bewegung ist ihr Lebenselixier, mehr noch: eine Dynamik von Steigerung, Intensivierung und Fokussierung. Aber auch von Stigmatisierung und Personalisierung.

Am Montag, dem 11. Dezember 1967, prangte auf dem Titel des *Spiegel*, dort, wo sonst nur Präsidenten, Kanzler und andere Celebrities präsentiert werden, ein Schwarz-Weiß-Porträt von Rudi. Darunter standen die Worte: »Revolutionär Dutschke«. Das berühmte Nachrichtenmagazin widmete ihm und seinen Ambitionen eine ganze Titelgeschichte. Anderen Berühmtheiten passiert das allenfalls im gesetzten Alter – doch Rudi aus Luckenwalde war damals gerade 27 Jahre jung. Auch das Wirtschaftsmagazin *Capital* zeigte ihn auf dem Titel – mit Marxens *Kapital* unterm Arm. Ein gewisses Quantum Selbstironie war hier von beiden Seiten der sprichwörtlichen »Barrikade« gefragt, und offenkundig hatte die Studentenrevolte in weiten Kreisen schon einen beachtlichen Unterhaltungswert erreicht.

Innerhalb eines einzigen Jahres war Rudi zu einer Figur der Zeitgeschichte geworden, und das linksliberale und linksintellektuelle Milieu der Bundesrepublik sympathisierte mit ihm – bis hinein in höchste Kreise des Establishments. So diskutierten im überfüllten Audimax der Hamburger Universität *Spiegel*-Herausgeber Rudolf Augstein und das FDP-Mitglied Professor Ralf Dahrendorf mit Rudi über jene Revolution, die ausdrücklich auf der Agenda der Rebellen stand. Augstein, damals schon vielfacher Millionär, fragte: »Ist es möglich, das System zu reparieren, oder muss das System umgestoßen werden. Ich muss sagen, ich habe wenig Optimismus, was Reformen angeht. Wir müssen Herrn Dutschke zwingen, uns zu sagen: Welches System will Dutschke an die Stelle des jetzigen Systems setzen? Es genügt nicht, dass er uns sagt, diese Antwort kann er uns im Laufe eines langen revolutionären gesellschaftlichen Prozesses geben.«

Rudi wies die Idee der Reformen zurück, weil sie nichts anderes seien als die »Verbesserung der Gefängniszellen«. Deshalb gelte es erst einmal, »ein Bewusstsein des Missstandes zu schaffen und jetzt nicht gleich zu fragen: Gib doch die Antwort. Ein Dutschke will keine Antwort geben. Das wäre genau die manipulative Antwort, die ich nicht zu geben bereit bin, denn was soll es bedeuten, als Einzelner Antworten zu geben, wenn die gesamtgesellschaftliche Bewusstlosigkeit bestehen bleibt.«

Genau an dieser Stelle offenbarte sich – nicht zum ersten Mal – der wunde Punkt unserer Protestbewegung, und ich würde nur zu gerne wissen, was Rudi heute, 50 Jahre danach, dazu sagen würde. Denn natürlich war er damals nicht irgendein *Einzelner*, sondern der führende Kopf einer Revolte von Tausenden, ja Zehntausenden, die beinah unentwegt über die Perspektiven einer radikalen gesellschaftlichen Umwälzung nachdachten. Die schlichte Wahrheit war: Augsteins bohrende Frage nach der konkreten Alternative zum kapitalistischen System wollte Rudi nicht nur nicht beantworten, er konnte es auch nicht.

Echte Vorbilder für eine Alternative zum herrschenden System gab es nicht, ein Sozialismus à la Sowjetunion war keine Option. Jenen »revolutionären Machtergreifungsplan« für die »Befreiung Westberlins« vom Juni 1967, der eine »Rätedemokratie« mit überschaubaren Wirtschaftskollektiven, also eine Marx'sche »Assoziation freier Individuen« vorsah, in der Schule,

Universität und Fabrik zu einer einzigen großen produktiven Einheit verschmelzen würden, kommentierte Rudi später selbst mit den Worten: »Was für eine Illusion!« Unklar blieb, ob er es als prinzipielle Fehleinschätzung auffasste oder als eine Illusion in der Zeit unter den gegebenen Umständen.

Kurz nach der Podiumsdiskussion in Hamburg legte Augstein im *Spiegel* noch einmal nach: »Es sind die Bedürfnisse der Menschen, die objektiv Bedingungen für eine Revolution setzen (und nicht reifen lassen), und zu diesen Bedürfnissen gehört nicht und hat nie gehört – hier irrt Dutschke mit dem damals gleichaltrigen, dem frühen Marx –, die Geschichte endlich der Kontrolle der Menschen zu unterwerfen.« Hier lagen die Auffassungen denkbar weit auseinander. Und es bleibt die Frage, ob nicht gerade heute wieder angesichts von Klimawandel und massiver Umweltzerstörung eben dieses Bedürfnis konstruktiv zu entwickeln wäre. Trotz der sehr unterschiedlichen Einschätzungen gab uns Augstein immer wieder Geld, von dem auch der Rechtsanwalt Horst Mahler bezahlt wurde, der in unzähligen Prozessen wegen Landfriedensbruch und ähnlicher Delikte die Verteidigung übernommen hatte. Vielleicht war die finanzielle Unterstützung ja auch ein kleiner Ablasshandel jenes großbürgerlich-liberalen Milieus, das zwar vom Reden über die Revolution fasziniert war, aber die schicken Häuser auf Sylt, Sardinien und in Südfrankreich perspektivisch doch gerne behalten wollte.

Wie auch immer: Es war etwas aufgebrochen, in Bewegung geraten. Öffentliche Auseinandersetzungen über Politik jenseits der offiziell dafür vorgesehenen Orte wurden mehr und mehr zu einer neuen Normalität, und Rudi war zu einem gesuchten Redner avanciert. Immer öfter war er unterwegs im In- und Ausland, und ja, es gab auch Eifersüchteleien unter den Genossen. »Warum immer Rudi?«, fragten einige, die seine Position anfechten wollten.

Doch er zog tatsächlich die Massen an wie sonst niemand, unter ihnen freilich auch Störer, rechte Burschenschaftler wie linientreue Kommunisten. »16.00 Uhr Mannheim, 20.00 Uhr Heidelberg«, notierte er. »Völlig überfüllter Saal, bei 700 Sitzplätzen ca. 1100 anwesend und noch 200 vor dem Raum, hektische Atmosphäre, kaisertreue Fahne zu sehen, viel Lärm, Schreien, Lachen und Beifall für mich zu Beginn. Mikrofon-Anlage fiel nach 10 Minuten aus, dann 90 min. Schrei-Rede bei äußerster Ruhe und Aufmerksamkeit des Publikums.« Die Wahrheit war: Rudi brauchte kein Mikrofon. Seine markante Stimme drang überall durch.

Einmal wurde er sogar in einem Privatflugzeug kurzfristig zu einer Veranstaltung nach Norwegen geflogen, die er völlig vergessen hatte. Er nahm seine Brieftasche, zog die Jacke an, und weg war er. Obwohl er Stunden zu spät ankam, hatten die rund 1000 Zuhörer geduldig gewartet und gingen nach langen Diskussionen erst am frühen Morgen nach Hause. Auch im schicken Kurstädtchen Baden-Baden trat Rudi auf, begleitet vom damals 20-jährigen SDS-Mitglied Joschka Fischer. Eigentlich war der große Kursaal reserviert worden, aber der Oberbürgermeister hatte den Auftritt dort untersagt. So sprach Rudi per Megafon vor dem von Polizeiketten abgeriegelten Saal im Kurhausgarten. Doch plötzlich plärrten Karnevalslieder – »Humba

humba tätärä!« – aus der Lautsprecheranlage, die Rudi übertönen sollten. Sehr witzig.

Nun war klar: Der Kursaal musste gestürmt werden. Joschka zögerte nicht lange und rückte mit Rudi, von den etwa 1000 Anwesenden gefolgt, an die Polizeikette heran. Als einer der Ersten bekam der spätere Außenminister einen Polizeiknüppel auf den Kopf, taumelte leicht, fing sich aber wieder. »Das hat keinen Sinn!«, rief Rudi und gab die Parole aus: »Demonstrationsmarsch zur Villa des Oberbürgermeisters!«

Unter lauten Sprechchören zog die Demo dann durch die lichterglänzende Innenstadt, rechts und links verständnislose Kurgäste, schimpfende Autofahrer und belustigte Passanten. Auf einer kleinen Anhöhe vor dem Haus des Oberbürgermeisters fand die Abschlusskundgebung statt. Für Rudis Rückflug nach Berlin wurden rasch noch 190 Mark gesammelt. Das Ganze trug durchaus surreale Züge und wäre schon damals ein Fall für den Filmemacher Alexander Kluge gewesen.

Die Masse der Veranstaltungen, Vorträge und Diskussionen, die Rudi zu absolvieren hatte, führte dazu, dass er sich »professionell« vorbereiten musste. Jeweils allein auf die spontane Rede zu vertrauen – eine seiner großen Stärken – hätte selbst ihn überfordert. So verfasste er ein Standardreferat und passte es den jeweiligen Bedingungen an. Es begann so: »Ich hoffe, dass recht viele, die gekommen sind, um den nicht ganz ungeschickten Demagogen Dutschke zu erleben, enttäuscht nach Hause gehen. Ich würde meine Ideen verraten, wenn ich den Versuch unternähme, durch funktional eingesetzte Emotionalisierung eine triebmäßige psychische Verbindung jenseits des Dialogs kritischer Rationalität mit Ihnen herzustellen.« Eine typische Dutschke-Formulierung, mit der er umständlich zu begründen versuchte, wieso er auf die reine Kraft des Arguments vertrauen wollte und nicht auf manipulative Verführungstricks.

Offenbar aber gab es immer mehr Leute, die das verstanden oder jedenfalls ähnlich gefühlt haben. Denn Rudi hat sich regelmäßig die Meinungsumfragen in den Zeitungen angeschaut, aus denen sich ergab, dass eine wachsende Zahl von Menschen mit uns sympathisierte. Deren Anteil soll sich bis Anfang 1968, so hörten wir es damals im Radio, auf 27 Prozent gesteigert haben. »Wir kriegen immer mehr Unterstützung«, sagte er dann aufgeregt. Er war fest davon überzeugt, dass man mit unseren Ideen eine Mehrheit der Bevölkerung erreichen könne. Seine Hoffnung war groß, dass, bildlich gesprochen, der ins Wasser geworfene Stein immer weitere Kreise zieht, Wellen einer ständig fortschreitenden Bewegung bildet.

Immer häufiger war Rudi nun auch im Fernsehen zu sehen. Und während er versuchte, seine politischen Botschaften auch auf diesem Wege zu verbreiten, machte sich seine Mutter in Luckenwalde Sorgen in ganz anderer Hinsicht. In einem Brief schrieb sie: »Muss Euch einige Zeilen schreiben aufgrund einer Sendung, wo du, lieber Rudi, leider wieder einmal scheinbar führend beteiligt warst. Denn du warst hauptsächlich zu sehen mit wüsten Haaren, und Gretchens Pullover hattest du an, sagt Eva. Hast du keinen eigenen? Dann kaufe dir einen anständigen Anzug. Das ist das Mindeste für einen gebildeten Mitteleuropäer, für den du dich noch hoffentlich hältst. Ja, Rudi, Günter und wir alle haben nur mit dem Kopf geschüttelt über den Tumult, den ihr auf dem Gelände der FU angestellt habt. Brandt in seiner Rede stören, der so viel für Berlin getan hat, dem du in den vergangenen Jahren mitverdankst, dass du in Ruhe studieren konntest, ist doch ein starkes Stück. Für einen dummen Jungenstreich bist du doch zu alt. Du machst noch so lange, bis sie dich einsperren wie den Teufel. Bist du ganz vom Bösen besessen, hast du kein Verantwortungsgefühl mehr für deine Frau und für dein kommendes Kind? Vater lässt dir sagen, ob du so enden willst wie alle Anarchisten, dann hättest du keine 6 Jahre zu studieren brauchen.«

Rudi sagte nichts zu diesem Brief. Einen Monat später erhielten wir ein Telegramm: »Mutti ist eingeschlafen.« Selbst dieses traurige, ganz private Ereignis hatte noch politische Konsequenzen. Denn Rudi als »Republikflüchtling« durfte ja nicht in die DDR reisen. Durch die indirekte Vermittlung des Westberliner Ablegers der SED namens SEW gelang es ihm dann aber doch, die Beerdigung seiner Mutter zu begleiten.

Wir wurden von einer schwarzen Limousine abgeholt und zu einem Grenzübergang gefahren, der nur für Parteioffizielle passierbar war – ohne die sonst üblichen Formalitäten. Lediglich die Tatsache, dass Gerhart Danelius, der Vorsitzende der SEW, schon im Auto saß, überraschte uns dann doch. Der wollte aber nur mit Rudi diskutieren. Ein Stasispitzel notierte derweil: »Dutschke ist am 14.11.1967 aus Westberlin nach Luckenwalde eingereist. Es ist nicht bekannt, wer für D. die Aufenthaltsgenehmigung besorgte. Es wurden im VPKA [Volkspolizei-Kreisamt] Stimmen laut, dass die Einreise des D. durch das MfS [Ministerium für Staatssicherheit] genehmigt wurde.«

Interessant waren die Einschätzungen des Stasispitzels, dass in Luckenwalde »sehr viel über ihn gesprochen« worden sei. »Die Personen, die Dutschke aus seiner Lehrzeit bzw. Schulzeit kennen, sind erstaunt über diesen und bewundern ihn wegen seiner pol. Aktivität, seiner Schlagfertigkeit und seines Mutes. Diese Entwicklung hätte dem D. keiner seiner Bekannten zugetraut.«

Natürlich blieb das alles in Westberlin nicht unbemerkt. Die Berliner *Morgenpost* titelte mit politischem Hintersinn: »SED verhalf Dutschke zu Zonen-Reise« und behauptete frech: »Rudi Dutschke, führender Funktionär des SDS, unterhält gute Beziehungen zur Westberliner SED. Bisher hatte der SDS die Zusammenarbeit mit den Kommunisten öffentlich immer abgestritten.« In der *Welt* wie in der *B.Z.* stand, Dutschke habe sich für gegenseitige Eintritte von SDS und SEW ausgesprochen. Rudi explodierte fast vor Wut, als er das las, und kritzelte »Lüge!« über den Artikel. Die *B.Z.* druckte dann immerhin eine Gegendarstellung, in der es wörtlich hieß: »Ich habe den gegenseitigen Eintritt von SDS- bzw. SED-Mitgliedern in die eine oder andere Organisation als tiefe Gefahr für die politische Arbeit des SDS dargestellt.«

Es war eben immer noch ein beliebtes Spiel bei Teilen der Presse, die Studentenrevolte mit der DDR, SED und Stasi in Verbindung zu bringen – also den Todfeinden Westberlins und der Bundesrepublik. Dass ausgerechnet der Republikflüchtling Dutschke ein Freund von Walter Ulbricht und Erich Honecker sein sollte, war ein absurder Witz.

Der große Traum von der Freiheit

Das Jahr 1968 begann mit der »Tet-Offensive« des Vietcong. Am 31. Januar schlugen Zehntausende prokommunistische Guerillakämpfer gleichzeitig los. In der alten kaiserlichen Zitadelle Hue wurde die Fahne mit dem goldenen Stern des Vietcong gehisst, der Präsidentenpalast im südvietnamesischen Saigon war umzingelt, und der dortige amerikanische Botschafter floh morgens um drei Uhr im Bademantel aus seiner Residenz in einen Panzerwagen der US Army, als Granaten die Begrenzungsmauer des diplomatischen Anwesens durchbrochen hatten. Zwar schlugen die US-Streitkräfte die Offensive des Vietcong zurück, doch nun rückte der Vietnamkrieg wieder ganz nach vorne auf die Agenda der Weltpolitik.

Überall, vor allem in Amerika selbst, protestierten immer mehr Menschen gegen diese ebenso sinnlose wie brutale Schlächterei, die von der amtierenden Bundesregierung aus CDU/CSU und SPD unter Bundeskanzler Kurt Georg Kiesinger nach wie vor politisch gerechtfertigt wurde – im Kampf gegen den Weltkommunismus stand man fest an der Seite Amerikas.

Stellvertretend für viele formulierte der Schriftsteller Hans Magnus Enzensberger, damals Fellow am Center for Advanced Studies der Wesleyan University in Middletown, seine Wut in einem offenen Brief an den Präsidenten der Universität: »Der Zustand der Vereinigten Staaten erinnert mich heute […] an die deutsche Situation in den 30er-Jahren. Ich halte die Klasse, welche in den Vereinigten Staaten von Amerika an der Herrschaft ist, und die Regierung, welche die Geschäfte dieser Klasse führt, für gemeingefährlich [...]. Ihr Ziel ist die politische, ökonomische und militärische Weltherrschaft. Ihr Todfeind ist die Revolution.« Nicht zuletzt deshalb ging Enzensberger im Herbst 1968 nach Kuba, wo er hoffte, Fidel Castros und Che Guevaras revolutionären Bestrebungen »von größerem Nutzen« zu sein als den Studenten in Connecticut.

Auch in Berlin brodelte es. Eine Kampagne zur praktischen Unterstützung amerikanischer Soldaten, die desertieren wollten, hatte schon begonnen, und der große Vietnamkongress im Februar 1968 stand vor der Tür. Wie militant die Stimmung insgesamt war, zeigte schlaglichtartig ein fünfminütiger Lehrfilm des Filmstudenten Holger Meins, der sechs Jahre später als RAF-Mitglied im Hungerstreik starb. Es war eine Anleitung zum Bau von Molotow-Cocktails, die am Ende eines Vorbereitungstreffens zum Springer-Tribunal vorgeführt wurde, einem geplanten Hearing, auf dem die Springer-Presse und ihre, in Peter Schneiders Worten, »Verbrechen an der Gesellschaft« untersucht werden sollten. Die letzte Einstellung des selbst produzierten Streifens zeigte das Springer-Hochhaus an der damaligen Kochstraße, die seit 2008 Rudi-Dutschke-Straße heißt.

Die Botschaft kam an, und so gingen in der folgenden Nacht einige Scheiben von Springer-Filialen zu Bruch. Selbst der weltberühmte Komponist Hans Werner Henze warf in dieser Nacht seinen ersten Stein. So ging es vielen in dieser aufregenden Zeit, und man würde lügen, wenn man nicht hinzufügen würde: Es waren auch Akte der Befreiung, zugleich Initiationsrituale gerade für jene Akademiker, Dauerdiskutierer und Theorieliebhaber, denen das Körperliche, die physische Auseinandersetzung meist ferner lag als Abstraktion und Begriffsbildung.

Der Chronist Peter Mosler, selbst SDS-Mitglied, schilderte die Atmosphäre des Augenblicks im Erlebnis einer authentischen, doch fiktiven Figur: »Bernd stand in der Nacht im Strom Hunderter auf dem Ku'damm, sah die Polizisten vor den Demonstranten davonlaufen, hörte Fensterscheiben klirren, Bauwagen standen quer über die Straße gezogen, irgendwo brannte es, zwischen den Reihen rannte immer wieder der kleine drahtige Genosse mit dem Bürstenschnitt wie im Untergrund des Demonstrationszuges. Die anderen kannten ihn um seiner Fertigkeit willen, über 30 Meter mit einem faustgroßen Stein eine Straßenlaterne zu treffen. Alle hatten das Gefühl: Wir werden siegen, wir werden viele sein, die Straßen gehören uns, die Stadt gehört uns!«

Es war die Zeit, da Rudi und befreundete Genossen intensiv darüber diskutierten, wie weit man in Richtung illegaler Militanz gehen sollte. Es gab Kontakte nach Frankreich und Italien, zur spanischen ETA und zur nordirischen IRA. Auch diese Gruppen, die im Untergrund kämpften, planten gewaltsame Aktionen gegen die amerikanische Militärmaschinerie. Doch am Ende überwogen Skepsis und Zweifel, ob man es hier mit den richtigen Bündnispartnern zu tun hatte, und so blieb es bei Gedankenspielen.

Eine konkrete Aktion immerhin klappte reibungslos: Kleine Raketen wurden nachts über die Mauern von US-Kasernen geschossen, die Flugblätter transportierten, in denen die Soldaten zur Desertation aufgefordert wurden. Die Herkunft dieser Miniraketen war etwas dubios – nicht auszuschließen, dass sie zumindest mit Billigung der DDR-Behörden nach Westberlin gelangten. Aber das interessierte damals kaum jemanden.

Kurz vor dem Auftakt des Vietnamkongresses, der am 18. Februar 1968 begann, klingelte es an unserer Tür. Als Rudi öffnete, hörte ich ein begeistertes »Giangiacomo!«. Es war der Verleger Giangiacomo Feltrinelli. In seinem Mailänder Verlag waren unter anderem die Welterfolge von Boris Pasternak *Doktor Schiwago* und *Der Leopard* von Giuseppe di Lampedusa erschienen. Feltrinelli kannte Che Guevara persönlich, und er war es, der das Foto von Che nach Europa brachte, das bis heute, 50 Jahre nach seinem Tod, auf unzähligen T-Shirts, Plakaten und Magazintiteln prangt. Anfang der 70er-Jahre ging Feltrinelli in den Untergrund. Als er am 14. März 1972 versuchte, einen Hochspannungsmast bei Mailand zu sprengen, kam er ums Leben. Nach den Ermittlungen der Polizei ging die Sprengladung vorzeitig los. Bis heute gibt es jedoch Zweifel an dieser Version.

Vier Jahre zuvor freilich verkündete Giangiacomo voll sprudelnder Energie: »Ich habe etwas, das möchte ich euch zeigen. Kommt mit runter.« Wir folgten ihm und sahen unter der hochgeklappten Rückbank seines VWs einen Haufen Dynamitstangen. Mir wurde ganz anders. Rudi kümmerte sich sofort um ein dauerhaftes Versteck für die gefährliche Ladung. Als es dunkel war, brachten wir die Dynamitstangen, im Kinderwagen versteckt, in irgendeine Villengegend, wo sie in einer konspirativen Wohnung verschwanden.

Rudi und ein paar andere berieten in der Wohnung des Liedermachers Franz Josef Degenhardt, was mit dem Dynamit anzustellen sei. Feltrinelli schlug Sabotageakte gegen amerikanische Schiffe vor, die von deutschen Häfen aus Waffen nach Vietnam lieferten, wahlweise Eisenbahngleise sprengen, Überlandleitungen zerstören. Zunächst aber wurde das explosive Zeug nach Westdeutschland gebracht, wo sich seine Spur für uns verlor. Was damit geschah, weiß ich nicht. Es wurde jedenfalls nicht benutzt, und es war auch besser so. Ein Jahr vor seinem Tod meinte Rudi, dass es ziemlich »wahnsinnig« war, so etwas »Menschen zu überantworten, die sich bis dahin der Verantwortung bewusst waren und die dann unsicher wurden«. Denn niemand hätte garantieren können, dass bei einer Sabotageaktion dieser Größenordnung keine Menschen zu Schaden hätten kommen können.

Das Audimax der Technischen Universität Berlin platzte aus allen Nähten, als der SDS-Vorsitzende KD Wolff vor insgesamt fast 5000 Menschen den Vietnamkongress mit den Worten eröffnete, sein Ziel sei die »Koordinierung des Widerstands in Europa«. Hinter dem Rednerpult hing ein großes Transparent, auf dem stand: »Für den Sieg der vietnamesischen Revolution« und, etwas kleiner, Che Guevaras martialischer und tautologischer Leitsatz: »Die Pflicht jedes Revolutionärs ist es, die Revolution zu machen.«

Eine ganze Phalanx prominenter Intellektueller und Schriftsteller trat auf, um ihren Protest anzumelden, darunter Peter Weiss, Erich Fried, Ernest Mandel, Tariq Ali, Bahman Nirumand, Giangiacomo Feltrinelli und andere Redner aus den USA,

Frankreich und Griechenland. Irgendwann kam auch Rudi an die Reihe. »Genossen, Antiautoritäre, Menschen!«, rief er. »Wir haben nicht mehr viel Zeit. In Vietnam werden auch wir tagtäglich zerschlagen, und das ist nicht ein Bild und ist keine Phrase. Wenn in Vietnam der US-Imperialismus überzeugend nachweisen kann, dass er fähig ist, den revolutionären Volkskrieg zu zerschlagen, so beginnt erneut eine lange Periode autoritärer Weltherrschaft von Washington bis Wladiwostok. Wir haben eine historisch offene Möglichkeit. Es hängt primär von unserem Willen ab, wie diese Periode der Geschichte enden wird.« Die Rede endete mit den Worten: »Die Revolutionierung der Revolutionäre ist so die entscheidende Voraussetzung für die Revolutionierung der Massen. Es lebe die Weltrevolution und die daraus entstehende freie Gesellschaft freier Individuen!«

Sofort setzte euphorischer Beifall ein, und manch ein Zeitgenosse staunte noch Jahrzehnte später über die Suggestionskraft dieser Worte, die freilich »der hermeneutischen Gnade und der Schonung durch historischen Kontext« bedürften. Tatsächlich mögen sich viele der Jüngeren heute darüber wundern, wie selbstverständlich damals von Revolution die Rede war, ein soziologischer und geschichtswissenschaftlicher Begriff, der sich eigentlich nicht zur tagespolitischen Parole eignete. Doch in diesem Augenblick diente er tatsächlich dazu, die Imagination zu befördern, das Prinzip Hoffnung lebendig werden zu lassen und die Überzeugung, dass moralisches Urteil und politische Analyse eine klare, eindeutige Handlungsperspektive eröffneten. Heute dagegen wird von Revolution gesprochen, wenn ein neues iPhone auf den Markt kommt.

Umso bezeichnender für die Aufbruchsstimmung im Februar 1968, dass wie nebenbei eine kleine Revolution passierte: Der Beginn der gesellschaftlich so folgenreichen Kinderladenbewegung. Viele der mitgebrachten Kleinen langweilten sich bei den stundenlangen Reden, und so bildete sich spontan eine Gruppe von Müttern, denen die Idee kam, dass man sich ja auch im Alltag zur Kinderbetreuung zusammentun könnte. Während im Saal die Weltrevolution ausgerufen wurde, gründeten die Frauen draußen auf den Fluren den ersten Kinderladen. Schon im Mai 1968 existierten in Berlin drei Kinderläden, ein Jahr später ein ganzes Dutzend.

Nach langem Hin und Her fand die Abschlussdemonstration, die zunächst verboten worden war, doch statt. Sie verlief, obwohl in dieser angespannten Lage weit über 10 000 Leute gekommen waren, wider Erwarten friedlich. Ganz und gar nicht friedlich war eine Gegendemonstration drei Tage später, zu der der Regierende Bürgermeister Schütz und DGB-Chef Sickert die »anständigen Berliner« aufgerufen hatten. Im Vorfeld hatte *Bild* schon die Stimmung angeheizt: »Man darf auch nicht die ganze Drecksarbeit der Polizei und ihren Wasserwerfern überlassen.« 8000 Berliner folgten dem Aufruf und brachten Plakate mit, auf denen stand: »Raus mit Dutschke, Teufel, Kunzelmann!«, »Volksfeind Nr. 1 Rudi Dutschke!«, »Raus mit dieser Bande!«, »Politische Feinde ins KZ!«

Irgendwann schrie jemand: »Da ist Rudi Dutschke!« Der Mann, auf den nun alle schauten, rief verzweifelt: »Ich bin ein Arbeiter wie ihr.« Doch niemand glaubte ihm, und so begann der Lynch-Mob, ihn zu schlagen und auf ihn einzutreten.

»Schlagt ihn tot, hängt ihn auf!«, wurde gebrüllt. Ein Polizist berichtete später: »Der junge Mann lief mir direkt in die Arme, fiel mir um den Hals und stammelte: ›Um Gottes willen, schützen Sie mich, die wollen mich totschlagen.‹ Hinter uns her kamen an die tausend Leute, die uns beide noch vierzig Meter verfolgten. Dann hatten sie uns eingeholt. Wir wurden zu Boden geworfen. Die Menge war außer sich. Wir haben uns dann die letzten Meter bis zum Wagen irgendwie hingeschleppt. Ich konnte gerade noch die Tür aufreißen und den jungen Mann hineinstoßen.« Von draußen riefen sie: »Lyncht die Sau! Schlagt ihn tot! Kastriert das Judenschwein! Dutschke ins KZ!« Sie hämmerten gegen die Scheiben des Busses und versuchten, ihn umzustürzen, was ihnen nicht gelang. Aber die Pogromstimmung hatte sich massiv entladen – und das mitten auf dem Platz vorm Schöneberger Rathaus, unter den Augen der Prominenz, die auf den Stufen des Rathauses stand.

Kurz danach rief ich den Amsterdamer Flughafen an, wo Rudi gerade auf seinen Rückflug nach Berlin wartete. Er hatte am Vorabend in der Stadt auf einer Veranstaltung gesprochen. Ich ließ ihn ausrufen und bekam ihn tatsächlich ans Telefon. Ich berichtete ihm von dem Vorfall und sagte: »Horst Mahler hat mich gerade angerufen. Er sagt, du seist in großer Gefahr. Komm bloß nicht zurück! Bleib da. Ich werde gleich das nächste Flugzeug nach Amsterdam nehmen.« Doch er lachte nur: »Das ist übertrieben. Ich habe keine Angst.« Das war typisch für ihn. Er war ein sehr angstfreier Mensch, furchtlos wie kaum jemand sonst. Wenige Stunden später war er wieder in Westberlin. Ein paar Tage danach bestätigte ein Vorfall meine Sorgen und Befürchtungen. Rudi war mit Freunden im Auto unterwegs, als an einer Kreuzung plötzlich mehrere Taxis ihren Wagen einkreisten. Mit einer blitzschnellen Fahrt im Rückwärtsgang entkamen sie in eine Seitenstraße. Währenddessen war im Taxifunk zu hören: »Der Dutschke ist uns entkommen.«

Aber wir erfuhren auch viel Solidarität. Emma Biermann überbrachte uns in diesen Tagen einen Brief ihres Sohnes Wolf aus der Chausseestraße in Ostberlin. Der Sänger, dem die SED seit Jahren jeden öffentlichen Auftritt verboten hatte, warnte Rudi vor möglichen Anschlägen von Rechtsradikalen. Doch der schrieb nur in sein Tagebuch: »Scheint mir übertrieben zu sein. Bisher konnte ich mich auf meine Beine und Fäuste, vom Maul ganz zu schweigen, verlassen.« Dennoch wechselten wir nun häufiger den Ort, an dem wir schliefen. Es gab ständig Drohungen, die mit Farbe an unsere Wohnungstür geschmiert wurden. Und schließlich waren wir junge Eltern. Hosea Che war wenige Wochen alt. Wir mussten uns also, trotz Rudis Furchtlosigkeit, besonders in Acht nehmen.

Unterdessen drehte sich die Welt weiter. Überall, nicht nur in Amerika, Italien und Frankreich, sondern auch in Brasilien, Uruguay, Mexiko und Japan entstanden Protestbewegungen, deren verbindendes Moment die Suche nach einer anderen, besseren Welt war. Selbst die Beatles träumten in ihrem *White Album* vom großen Umsturz: »Revolution – We all want to change the world!«

Alle schauten in Richtung Westen, nach Paris, London, San Francisco. Doch auch im Osten, hinter dem »Eisernen Vorhang«, spielten sich sensationelle Dinge ab: Der »Prager Frühling«, die

Bewegung für einen »Sozialismus mit menschlichem Antlitz«, einen demokratischen Sozialismus mit liberalem Rechtsstaat, Presse- und Meinungsfreiheit. Unerhört war der Umstand, dass das alles – mitten im sowjetisch beherrschten Ostblock – aus dem Inneren der Kommunistischen Partei selbst hervorgegangen war, die seit Januar 1968 von dem Reformer Alexander Dubček angeführt wurde.

Durch einen Zufall war Rudi für Ende März 1968 von der Jugendkommission der Christlichen Friedenskonferenz nach Prag eingeladen worden. Wir waren neugierig auf das, was sich dort abspielte, also packten wir die Koffer. Unseren zehn Wochen alten Sohn nahmen wir natürlich mit. Als wir ankamen, staunten wir nicht schlecht: In Prag liefen die Leute den ganzen Tag und die halbe Nacht freudetrunken durch die Straßen. Es herrschte ein Gefühl großer Befreiung – vielleicht ähnlich wie in Berlin nach dem Mauerfall am 9. November 1989. Überall wurde getanzt und gefeiert.

Zur gleichen Zeit stand die Wahl eines neuen Staatspräsidenten an. Tausende Menschen hatten sich auf dem Wenzelsplatz versammelt, um dort auf die Verkündung des Abstimmungsergebnisses zu warten. Als plötzlich ein Mann auf dem Balkon erschien, um zu verkünden, dass der Reformer Ludvik Svoboda gewählt worden war, schrie die Menge frenetisch: »Dubček, Dubček!« Als er nach unten kam, trug ihn die Masse auf Händen. Der Jubel wollte kein Ende nehmen. Nie zuvor hatte ich so viele Menschen gesehen, die so lange und so ausgelassen gefeiert haben. Auch wir wurden von der Stimmung mitgerissen. Es ging gar nicht anders.

Dennoch war die bis in alle Winkel hineinreichende Macht der Sowjetunion nach wie vor zu spüren. So versuchte eine Gruppe anwesender russisch-orthodoxer Priester, eine Rede von Rudi auf der Konferenz zu verhindern. Es gelang ihnen am Ende nicht, ihn mundtot zu machen, weil viele tschechische Studenten gegen dieses Redeverbot protestierten und die Rede einfach außerhalb der Konferenzräume gehalten wurde. Rudi, dessen Anwesenheit sich durch diesen Vorfall nur umso schneller verbreitete, revanchierte sich, indem er die Studenten darin bestärkte, neue Wege zu finden, um Sozialismus, wirkliche individuelle Freiheit und Demokratie miteinander zu verbinden. Aber es war unverkennbar, wie groß die Befürchtung der Prager Studenten war, dass diesem historischen Versuch eines »liberalen«, freiheitlichen Sozialismus keine Chance gegeben würde. Die Sowjets, so ahnten viele, würden diesen Versuch alsbald zerstören. Auch wenn wir es damals noch nicht glauben wollten: Genau so kam es wenige Monate später, als am 13. August 1968 die Panzer der Truppen des Warschauer Pakts durch Prag rollten.

Als Gast von Professor Milan Machovec, einem Vordenker des Prager Frühlings, durfte Rudi immerhin noch einmal sprechen, diesmal im Philosophischen Seminar der Prager Karls-Universität. Mehr als 1000 Studenten kamen ins Audimax, und Rudi führte Karl Marx' Feuerbachthesen gegen die »konterrevolutionäre« Realität der kommunistischen Funktionärsherrschaft ins Feld. Doch sein freiheitlich interpretierter Marxismus stieß auf Widerspruch. Für die Prager Studenten war Marxismus gleichbedeutend mit Unterdrückung. Das jedenfalls war ihre konkrete Erfahrung mit dem autoritären und doktrinären Staatssozialismus, der Karl Marx zum unantastbaren Gott erhob.

Sie begründeten die Forderung nach einer demokratisch geprägten sozialistischen Gesellschaft nicht mit einem Rückgriff auf die Geschichte der Arbeiterbewegung, sondern in der Auseinandersetzung mit dem böhmischen Reformator und tschechischen Nationalhelden Jan Hus, der von 1369 bis 1415 gelebt hatte. Er war ein ferner Vorgänger Martin Luthers, der nur Jesus Christus als Kirchenoberhaupt akzeptierte und sich mehrfach gegenüber der römischen Papstkirche weigerte, seine Lehren zu widerrufen. So wurde er in Konstanz am 6. Juli 1415 auf einem Scheiterhaufen verbrannt – zusammen mit seinen Werken. Seine Asche zerstreute man im Rhein.

Hier tat sich eine andere Welt, eine ganz andere Perspektive auf, und wenn man es mit 50 Jahren Abstand sieht, muss man resümieren: In Prag träumten sie von genau jenen »bürgerlichen« Freiheiten, die wir in Westberlin oft genug gegen staatliche Gegenwehr, dafür aber ziemlich kreativ in Anspruch nahmen.

Doch das Geschehen in Prag, das Rudi so begeisterte, sahen etliche Delegierte einer außerordentlichen SDS-Konferenz, die zur gleichen Zeit in Frankfurt stattfand, ganz anders. Vor allem jene, die mit der orthodox-kommunistischen, moskaunahen DKP sympathisierten, deren Gründung in der Nachfolge der alten KPD im September 1968 erfolgte. Von Anfang an erhielt sie Millionen aus der DDR und stand bis zum Untergang treu an der Seite des real existierenden Sozialismus. So war es eher skurril, dass ausgerechnet diese Leute, die schon auf dem Sprung in die neue Partei waren, Rudis Ausschluss aus dem SDS forderten. Vordergründiger Anlass war sein Interview mit der Zeitschrift *Capital*, in dem er, gefragt nach seinem Verhältnis zu Geld, gesagt hatte: »Ich habe ein sehr einfaches Verhältnis zum Geld. Wenn es kommt, und ich kann es politisch akzeptieren, das heißt, es ist kein Geld aus der DDR, aus der Sowjetunion oder aus anderen kommunistischen Quellen, dann nehme ich es selbstverständlich an.«

Der Ausschlussantrag wurde mit Mehrheit abgelehnt, doch hier waren schon erste Zerfallserscheinungen des SDS sichtbar geworden. Die Antiautoritären sahen sich immer öfter den dogmatischen Ideologen gegenüber, die sich an möglichst eindeutigen Gewissheiten festhalten wollten – letztlich auch an (Partei-)Hierarchien, die Sinnstiftung, Ordnung und Sicherheit versprachen. Die Vorboten des Booms der kommunistischen Partei- und Sektengründungen waren nicht zu übersehen.

Nicht zuletzt deshalb planten wir, die Bundesrepublik eine Zeit lang zu verlassen und vielleicht nach Südamerika zu gehen. Rudi hatte die Nase voll vom Dauerärger mit den Genossen und den Eifersüchteleien, die auch mich betrafen. Auch die Tatsache, dass er in der medialen Öffentlichkeit immer mehr als »der Führer« der Studentenbewegung dargestellt wurde, hielt er für eine fatale Entwicklung. In einem vorab aufgezeichneten Fernsehgespräch hatte er beklagt, dass »durch diese totale Personalisierung« ein »autoritäres Moment in unsere Bewegung hineingekommen« sei, »das wir eigentlich nur durch ein systematisches Konzept von Kritik und Selbstkritik überwinden können«. Noch einmal antwortete er auf die Frage nach seiner persönlichen Sicherheit beschwichtigend, nein, er habe keine Angst, aber Freunde passten auf ihn auf: »Normalerweise fahre ich nicht allein rum. Es kann natürlich irgendein Neurotiker oder Wahnsinniger mal ne Kurzschlusshandlung durchführen.«

Als dieses Interview ausgestrahlt wurde, kämpfte Rudi bereits um sein Leben.

Das Attentat und seine Folgen

Eine Woche vor dem Tag, der alles veränderte, verübten Andreas Baader, Gudrun Ensslin und zwei andere den ersten Terroranschlag – die Kaufhausbrandstiftung in Frankfurt am Main. Es entstand ein hoher Sachschaden, Menschen wurden nicht verletzt, weil die mit Benzin gefüllten Plastikflaschen samt Zeitzünder nach Ladenschluss explodierten. Doch es war eine eklatante Überschreitung jener Grenze, die trotz aller militanten Pläne und Gedankenspiele bis dahin gegolten hatte.

Schon am Tag darauf wurden alle vier Täter verhaftet. Die Konspiration war noch amateurhaft gewesen. Auf einem zerknüllten Zettel, der in einem Papierkorb lag, fand man später eine Art politisches Manifest, das den Anschlag begründen sollte. »Wir zünden Kaufhäuser an, bis ihr aufhört zu kaufen«, stand da. Und weiter: »Ihr habt nichts zu verlieren als den Gewinn der Ware. Der Konsumzwang terrorisiert Euch, wir terrorisieren die Waren. Wir fangen an … damit ihr Schluss macht mit dem Terror, der euch zu Konsumenten« – hier bricht der Text ab. Natürlich verurteilte der SDS diesen »unpolitischen Akt der Verzweiflung«, während die Kommune 1 in ihrem üblichen Sarkasmus »Verständnis« für die psychische Situation zeigte, die »Einzelne jetzt schon zu diesem Mittel greifen lässt«. Der Anfang der RAF war damit gemacht und ihre Abspaltung von der antiautoritären Bewegung vollzogen.

Am Gründonnerstag, dem 11. April 1968, musste Rudi einen Text für *Konkret* über unsere Reise nach Prag abliefern. Hosea Che, jetzt drei Monate alt, war erkältet, und so radelte Rudi zum Kurfürstendamm, um in der Apotheke Nasentropfen für ihn zu besorgen und dann im SDS-Haus Stefan Aust zu treffen, der damals für *Konkret* arbeitete. Ich blieb zu Hause in Dahlem, wo wir vorübergehend bei Professor Gollwitzer und seiner Frau Brigitte untergekommen waren. Ich wartete und wartete, aber Rudi kam nicht zurück.

Anfangs war ich nicht nervös, es kam oft vor, dass Rudi im SDS-Haus aufgehalten wurde. Doch dann bekam ich plötzlich fürchterliche, stechende Bauchschmerzen. Kurz darauf klingelte das Telefon. Eine unbekannte männliche Stimme fragte, ob Rudi zu Hause sei, und murmelte dann etwas davon, dass ein Mann vor dem SDS-Zentrum am Ku'damm niedergeschossen worden sei. Es könnte sich dabei um Rudi handeln. Ich dachte im ersten Moment noch, es sei ein makabrer Telefonstreich. Kurz darauf kam Gaston Salvatore, um Rudi zu einem Treffen abzuholen. Er wusste von nichts. Wenig später rief der Unbekannte ein zweites Mal an. Gaston sprach mit ihm, und dann war klar, dass etwas Schreckliches passiert war. Die Polizei gab uns die Auskunft, Rudi liege im Westend-Krankenhaus – tot. Ich schrie. Es fühlte sich an, als ob meine Eingeweide durch Magen und Speiseröhre hinausquellen würden.

Sofort fuhren wir zum Krankenhaus, wo schon Tausende Menschen zusammengeströmt waren. Wir kamen kaum durch, aber schließlich hat die Polizei uns in die Klink hineingeleitet. Der behandelnde Arzt sagte, dass Rudi noch lebe, aber sofort operiert werden müsse. Er könne nicht sagen, ob er den Eingriff überleben werde und mit welchen Spätfolgen zu rechnen sei. Ich musste wegen Hosea Che zurück nach Hause, kam aber so schnell es ging zurück. Spät in der Nacht kam der Gehirnchirurg vorbei und berichtete, die Operation sei gut verlaufen, das bedrohlichste Geschoss sei entfernt, aber Rudi sei nicht bei Bewusstsein, man müsse jetzt abwarten.

Am übernächsten Tag ging ich wieder ins Krankenhaus. Rudis Kopf war beinahe komplett verbunden wie bei einer Mumie, die Augen waren geschlossen. Dann aber die große Erleichterung: Rudi öffnete die Augen und richtete sich auf, als er mich sah. Eine Krankenschwester bat ihn, zu sagen, wer ich sei, und er antwortete: »Meine Frau.« Seinen Vater und die Brüder, die am selben Tag aus Luckenwalde zu Besuch kamen, fragte er umgehend: »Wo ist Mutter?«

Danach ging es Tag für Tag aufwärts.

Sehr viel später erinnerte sich Rudi auch selbst wieder, was passiert war an diesem Gründonnerstagnachmittag mitten in Berlin. Er musste längere Zeit vor der noch geschlossenen Apotheke warten, als er sah, wie ein Mann aus einem Auto stieg, das auf dem Mittelstreifen geparkt war. »Er bewegte sich immer mehr von seinem Auto weg, blieb in der Mitte, näherte sich mir. […] Nachdem die letzte Autowelle vorbei war, kam er über die Straße, […] und wendete sich vom Gehsteig mir direkt zu, stellte die Frage: ›Sind Sie Rudi Dutschke?‹, ich sagte: ›Ja‹, die Schießerei begann. In einem sekundenhaften, blitzartigen Augenblick riss er seine Pistole aus der Jackentasche. Da war keine andere Frage, kein Nachdenken, kein Zögern.«

Offenbar überhörte Rudi, was der Attentäter Josef Erwin Bachmann, ein 23-jähriger Hilfsarbeiter aus München, ihm entgegengeschleudert haben will, wie er vor Gericht sagte: »Du dreckiges Kommunistenschwein!« Drei Schüsse trafen, zwei in den Kopf, einer in die Schulter. »Zunächst dachte ich, es wären zwei, drei Fehlzündungen von einem Auto, aber dann hörte ich das Schreien, die klagende Stimme von Rudi«, erzählte der SDS-Genosse Albert Fichter, der sich zufällig in unmittelbarer Nähe des Tatorts aufhielt, Jahrzehnte später. »Ich bin sofort auf die Straße gerannt, und da ist mir Rudi auch schon entgegengekommen – ohne seine Schuhe, auf Strümpfen. Blutüberströmt ist er mir in die Arme gefallen und hat laut geschrien: ›Man hat mich erschossen.‹ Im Gesicht war er ganz schwarz von dem dunklen Blut, und die ganze Kleidung, alles war voll mit Blut. Er hat nur gejammert. Es war furchtbar. Ich habe ihm dann geholfen, sich auf eine Bank zu setzen und abzuwarten, bis Hilfe gekommen ist.«

Bachmann wurde nach einer kurzen Schießerei mit der Polizei gefasst und im März 1969 zu sieben Jahren Zuchthaus verurteilt. Ein gutes Jahr später nahm er sich im Gefängnis das Leben.

Wenige Stunden nach Bachmanns Attentat ist die Stadt in hellem Aufruhr. Zahlreiche Menschen versammeln sich am frühen Abend vor dem SDS-Zentrum am Ku'damm, unweit des Mordanschlags. Im Audimax der TU findet ein spontanes Plenum statt. 2000 Studenten hören Bernd Rabehl sagen: »Ich darf daran erinnern, welche Pogromhetze von den Abgeordneten des Senats nach dem 2. Juni 1967 stattfand. Und ich spreche ganz deutlich aus: »Die wirklich Schuldigen heißen Springer, und die Mörder heißen Neubauer [der Innensenator] und Schütz [der Regierende Bürgermeister].«

Die Botschaft ist klar: Auf zum Axel-Springer-Verlag, der seit 1966 in der Kochstraße residierte, unmittelbar an der Mauer. Inzwischen sind es ungefähr 5000, die sich gegen 22 Uhr zum Springer-Hochhaus aufmachen, während Rudi notoperiert wird. Bommi Baumann, einer unter ihnen, schrieb in seinem Buch *Wie alles anfing*: »Bei dieser Demonstration ist bei mir mein ganzes Leben, alles noch mal abgelaufen, verstehst du. Alle Schläge, die ich gekriegt habe, was du so alles erlebst, was du als Ungerechtigkeit empfindest. Die Empörung über das Attentat auf Rudi war inzwischen in ganz Deutschland so groß, und in allen Städten ist am selben Abend etwas passiert, da war so eine Stimmung voll Sympathie für Rudi, dass die Bullen gar nicht einschritten. Da waren Polizeioffiziere, die haben gesagt, Kinder, wir können euch doch verstehen, aber macht's nicht zu doll, die haben ja in dem Getümmel noch richtig mit uns gesprochen.«

Schon am Amerika-Haus am Bahnhof Zoo, das so oft Ziel von Protesten gegen den Vietnamkrieg gewesen war, eskalierte die Lage. »Mörder, Mörder! Axel, wir kommen!«, schrie die Menge. Die ersten Scheiben klirrten in der stockdunklen Nacht. Gegen 23 Uhr erreichten die Demonstranten das Springer-Haus. »Als wir dort eintrafen«, erinnert sich Albert Fichter, »sind wir von so jungen Polizeiaspiranten empfangen worden, die auf Lastwagen gesessen haben. Die Steine sind dort kreuz und quer durch die Gegend geflogen. Und auf dem Parkplatz entdeckten wir die kleineren Lieferwagen, mit denen die Springer-Zeitungen ›Berliner Morgenpost‹, ›B.Z.‹ und ›Welt‹ ausgeliefert werden sollten. In diesem Moment ist der Urbach plötzlich mit einem Körbchen erschienen, einem Spankörbchen, in dem er eine Reihe von Molotow-Cocktails vorbereitet hatte.« Und er zeigte den aufgebrachten Studenten auch, wie man die Lieferwagen am leichtesten umkippen kann. Als dann das Benzin auslief, brannte der Wagen gleich lichterloh.

Dieser Urbach oder, wie er auch genannt wurde, »S-Bahn-Peter« schwirrte schon länger in der Szene herum, auch in der Kommune 1 ging er ein und aus. Was wir damals nicht wussten: Er war ein V-Mann und *Agent Provocateur* des Berliner Verfassungsschutzes, der später auch im Untergrund Waffen und Sprengstoff besorgte – unter anderem dem Mitgründer der RAF, Horst Mahler, unserem damaligen Anwalt, der heute ein Nazi ist. Bis heute hat keine staatliche Behörde über diese Aktivitäten Rechenschaft abgelegt. Urbach, der 1971 plötzlich von der Bildfläche verschwand, starb 2011 in Amerika.

All das änderte jedoch nichts an der massenhaften Wut auf den Axel-Springer-Verlag. Ein wahrer Steinhagel prasselte auf die Glasfassade, Fackeln, Bretter, Stöcke, alles irgendwie Werfbare. Ein paar Dutzend Demonstranten, unter ihnen Dieter Kunzelmann und Horst Mahler, versuchten, das Verlagshaus zu stürmen. Der Versuch scheiterte jedoch schon an der massiven Drehtür, durch die jeweils nur wenige Personen hineinkommen konnten. Immerhin erreichten etwa 20 Leute den Treppenaufgang, wurden aber von Sicherheitskräften zurückgeschlagen. Im Polizeibericht hieß es: »Unter Aufbietung letzter physischer

Kräfte und unter Schlagstockeinsatz gelang es, ein Eindringen der Störer in das Verlagsgebäude abzuwehren.« Es waren allerdings Gerüchte im Umlauf, die besagten, dass es ein paar Leute doch geschafft hätten, ins Gebäude reinzukommen, um dort Zement in Toiletten zu kippen.

Es war ein einziges Tohuwabohu, in dem es zum Beispiel einem Einzelnen gelang, auf einen Wasserwerfer zu klettern und die Spritzkanone auf die Polizeikette zu richten. »An dem Abend ist irrsinnig viel passiert«, erinnerte sich Bommi Baumann. Und er sprach ein Gefühl aus, das noch weitreichende Folgen haben sollte: »Die allgemeine Hetze hat einfach ein Klima geschaffen, wo du mit Späßchen nichts mehr erreichen kannst. Wo sie dich so oder so liquidieren, ganz egal, was du machst. Bevor ich nun wieder nach Auschwitz transportiert werde, dann schieß ich lieber vorher.«

Hier tauchte, ohne explizit ausgesprochen zu werden, die These vom »neuen Faschismus« auf, in den die Bundesrepublik Ende der 60er-Jahre abzuleiten drohte. Die geplanten »Notstandsgesetze« mit ihren Sondervollmachten im Kriegs- und Katastrophenfall schienen exakt in dieses Bild zu passen und wurden mit dem von der Hitler-Regierung im März 1933 eingebrachten Ermächtigungsgesetz verglichen.

Gudrun Ensslin hatte ja schon nach der Erschießung von Benno Ohnesorg gesagt, dass mit der Generation von Auschwitz nicht zu reden sei, und Ulrike Meinhof schrieb im Mai 1968 in ihrer *Konkret*-Kolumne unter dem Titel »Vom Protest zum Widerstand«: »Stellen wir fest: Es ist dokumentiert worden, dass hier nicht einfach einer über den Haufen geschossen werden kann, dass der Protest der Intellektuellen gegen Massenverblö-dung durch das Haus Springer ernst gemeint ist, dass Sitte & An-stand Fesseln sind, die durchbrochen werden können, wenn auf den so Gefesselten eingedroschen und geschossen wird.«

Am Abend des Karfreitags fuhren Peter Urbach und Bom-mi Baumann in ihrem VW Käfer mit einer Kiste übrig geblie-bener »Mollies« kreuz und quer durch Berlin, um zu schauen, wo man noch etwas mit ihnen anfangen könnte. »Wir wollten noch rausfahren nach Schwanenwerder, wo der Springer ne Villa hat«, so Baumann, »die wollten wir auch noch anstecken, aber dann wusste wieder keiner genau, wo die ist.«

Für *Bild* hatte sich nichts geändert: »Der fanatische Linksra-dikale wurde das Opfer eines halbirren Rechtsradikalen«, stand am Karsamstag in der Zeitung. »Eine der größten Industrie-nationen der Welt darf kein Hottentotten-Land werden, in dem jeder, der sich ungerecht behandelt fühlt, Steine wirft, Feuer legt oder zur Pistole greift.« Bisher allerdings, das war den *Bild*-Re-dakteuren wohl entfallen, hatte nur der Polizeibeamte Kurras zur Pistole gegriffen – mit tödlichen Folgen.

Die Wirkung solcher Sätze konnte den Zorn auf die Sprin-ger-Presse freilich nur noch verstärken. Auch in der Ostberli-ner Chausseestraße Nummer 131, wo Wolf Biermann sich seinen Reim darauf machte: »Drei Kugeln auf Rudi Dutschke / Ein blutiges Attentat / Wir haben genau gesehen / Wer da geschos-sen hat / Ach Deutschland, deine Mörder / Es ist das alte Lied […] Die Kugel Nummer eins kam / Aus Springers Zeitungs-wald / Ihr habt dem Mann den Groschen / Auch noch dafür be-zahlt«.

In der ganzen Bundesrepublik flammten an Ostern 1968 heftige Proteste auf. »Gestern Dutschke, morgen wir!«, riefen Demonstranten in Hannover, Frankfurt, München, Essen, Köln, Stuttgart, Esslingen und Hamburg. Springer-Druckereien in Berlin und ganz Westdeutschland wurden belagert und blockiert. »Es kam zu Straßenschlachten, wie sie Westdeutschland seit der Weimarer Republik nicht mehr gekannt hatte«, schrieb der *Spiegel*. In Frankfurt am Main setzte die Polizei sogar eine Reiterstaffel ein: »Unter Hufeknallen, Funkenschlag und dem Gewieher der Gäule keilen die berittenen Ordnungshüter mit langen Latten wie die Kosaken auf ihre geduckten Mitbürger ein«, berichtete das Nachrichtenmagazin gewohnt anschaulich.

In München traf den Fotografen Klaus-Jürgen Frings ein Stein am Kopf. Er starb an einem Blutgerinnsel. Der Polizeibericht aus der bayerischen Hauptstadt enthielt noch eine weitere tragische Nachricht: Der Münchner Student Rüdiger Schreck wurde während der Belagerung des Buchgewerbehauses, in dem unter anderem *Bild* gedruckt wurde, mit einem »stumpfen Gegenstand am Kopf verletzt«. Der 27-Jährige überlebte den Ostermontag nicht. Der Täter wurde nie gefasst. Trotz oder gerade wegen dieser dramatischen Ereignisse war die Stimmung so, als stünde die Revolution dicht vor der Tür – so empfanden es jedenfalls viele in diesen Tagen. Und nicht wenige dachten nun endgültig über einen militanten, genauer bewaffneten Widerstand nach.

Axel Springer floh unterdessen in die Schweiz, wo er sich in der Nähe von Gstaad gerade ein 1800 Meter hoch gelegenes luxuriöses Anwesen hatte bauen lassen, eine Mischung aus Sennhütte und Burg, Chalet und Schloss. Im Januar 1975 brannte es völlig nieder. Verdächtigt wurden damals zunächst »deutsche Terroristen«. Erst 2006 erschien die autobiografische Erzählung *Ein Sonntag in den Bergen* des Schweizer Schriftstellers Daniel de Roulet, in dem er sich als der Brandstifter zu erkennen gab. Seine Tat ist freilich inzwischen verjährt.

Über 1000 Demonstranten hatte die Polizei über die Ostertage festgenommen, 400 erlitten teils schwere Verletzungen. Am 30. April 1968 erstattete Bundesinnenminister Ernst Benda (CDU), der später Präsident des Bundesverfassungsgerichts wurde, vor dem Bonner Bundestag detailliert Bericht: »Von den 847 Beschuldigten der Ostertage sind 87 bis zu 18 Jahre alt, 210 zwischen 19 und 21 Jahren, 286 Personen sind älter als 25. Nach Berufen aufgegliedert ergibt sich folgendes Bild: 92 sind Schüler, 185 Angestellte, 150 Arbeiter, 31 sonstige Berufe, 97 ohne Beruf, unbekannt ist der Beruf bei 26 Personen. Meine Damen und Herren – diese Aufgliederung scheint mir zu zeigen, wie falsch es wäre, die Gewaltaktionen als Studentenunruhen zu bezeichnen.«

So sehr die als »Osterunruhen« in die Geschichte von »68« eingegangenen Auseinandersetzungen, an denen rund 50 000 Menschen beteiligt waren, auch einen bislang ungekannten Höhepunkt der Protestwelle markierten – sie waren auch der Beginn einer neuen, schwierigen Phase. »Der SDS hat sich wesentlich in die antiautoritäre Bewegung aufgelöst«, hieß es schon Monate später in einem Rechenschaftsbericht des SDS-Vorstands. Und tatsächlich beteiligten sich nun auch immer mehr Schüler, Auszubildende und Jungarbeiter an den Protesten, nicht zuletzt jene sozialen Randgruppen, für die später sogar eine politische Strategie entworfen wurde. Der ursprüngliche Kern der antiautoritären Revolte, der zahlenmäßig viel kleiner gewesen war, verlor so an Bedeutung. Kommune-1-Mitglied Ulrich Enzensberger hatte recht, als er im Rückblick formulierte, ein »trügerisches Wir-Gefühl« habe noch einmal die »angeschwollene Westberliner Linke vereint«, bevor sie »auseinanderplatzte«.

Natürlich fehlte Rudi genau in diesem Moment. Wie oft hatte er als Katalysator und Motivator der verschiedenen politischen Strömungen gewirkt! Zugleich war es ihm durch seinen optimistischen Vorwärtsdrang immer wieder gelungen, Richtung und Perspektive aufzuzeigen. Gerade jetzt, da die Revolte sich verbreitert und intensiviert hatte, wäre die Ausrichtung auf ein neues Etappenziel wichtig gewesen. Aber es war wie so oft: Just der Erfolg, in diesem Fall die so oft ersehnte »Mobilisierung der Massen«, brachte neue Probleme und Herausforderungen.

Doch Geschichte läuft eben nicht nach Plan, schon gar nicht eine Bewegung, die sich aus den unterschiedlichsten Motiven speist. Denn es blieb ja dabei, dass »das eigene Leben bei uns allen in einem tollen Durcheinander war«, wie Bernd Rabehl sagte. Und während die deutschen Rebellen noch aufgewühlt hin und her schwankten zwischen Zorn, Ratlosigkeit und Hoffnung, kamen vom Westen her neuer Schwung und frischer Atem auf. In Paris loderte die Mai-Revolte, die mit der »Bewegung des 22. März« an der Universität Nanterre nur wenige Wochen zuvor ihren Ausgang genommen hatte.

Vom 10. auf den 11. Mai 1968 kam es zu jener legendären Nacht der Barrikaden, die eine ganze Generation prägte. Im Pariser Universitätsviertel Quartier Latin standen sich 10 000 Polizisten und 20 000 größtenteils studentische Besetzer der Sorbonne gegenüber. Die Parole lautete: »Sous les pavés la plage« – »Unter dem Pflaster liegt der Strand«. Ein revolutionär-romantischer Ausruf, der gewiss auch dem deutschen Romantiker Novalis gefallen hätte, der Ende des 18. Jahrhunderts bemerkt hatte: »Alles Sein, Sein überhaupt ist nichts als Freisein – Schweben zwischen Extremen […]. Aus diesem Lichtpunkt des Schwebens strömt alle Realität aus.«

Zu dieser Realität gehörte auch, dass die Barrikadenkämpfer beim Aufbrechen des Pariser Straßenpflasters zu ihrer Überraschung entdeckten, dass darunter nichts war als heller Sand. Hier ging es nicht um den traditionellen marxistischen Klassenstandpunkt. Die Pariser Barrikadennacht war keine Schlacht zwischen Kapitalisten und Proletariern, sondern ein Aufstand der akademischen Jugend gegen autoritäre, verkrustete Machtverhältnisse unter der schier ewigen Regentschaft des Staatspräsidenten Charles de Gaulle. Die Folgen dieses fürs Erste niedergeschlagenen Aufstands waren verwüstete Straßenzüge, 600 Verletzte, 70 ausgebrannte Autos und unzählige Festnahmen. Noch viele Jahre später war die Erinnerung an jene erhabene Nacht lebendig, in der alles denkbar schien, auch die Verwirklichung von Träumen. »Seid realistisch, verlangt das Unmögliche!« wurde zum geflügelten Wort.

Zwei Tage später legte ein Generalstreik das öffentliche Leben in Frankreich lahm, und nach einer riesigen Demonstration in Paris am 13. Mai, an der über eine Million Menschen teilnahmen, wurde die Universität Sorbonne ein zweites Mal besetzt. Überall in Frankreich kam es zu spontanen Streiks und Fabrikbesetzungen, die alle Industriezweige erfassten. Kurz: Arbeiter und Angestellte machten plötzlich – anders als in der Bundesrepublik – massenhaft mit beim Protest und stellten ihre eigenen Forderungen auf.

Zeitweise war auch der staatliche Rundfunk- und Fernsehsender ORTF besetzt worden, dazu das berühmte Odéon-Theater und die Renault-Werke in Flins. Der Philosoph Jean-Paul Sartre sprach vor Tausenden Studenten. Es war, als hätte ein Revolutionsfieber ganz Frankreich ergriffen, ein bisschen so, wie es 1789, 1830, 1848 und 1871 der Fall gewesen war. Freilich stand nach jedem dieser Aufstände immer schon der nächste König oder Kaiser bereit.

Am 21. Mai sprach Daniel Cohn-Bendit, der 22-jährige Wortführer dieser Massenbewegung, von der zwei Monate zuvor noch niemand etwas geahnt hatte, in Berlin. »Wie ein Märchenerzähler aus *Tausendundeiner Nacht*«, so ein Beobachter, schilderte »Dany le Rouge« die magischen Pariser Ereignisse. Die deutschen Genossinnen und Genossen staunten sehr. Derweil erklärte die französische Regierung Cohn-Bendit, Sohn deutsch-französisch-jüdischer Eltern, wegen »Gefährdung der öffentlichen Ordnung« zur unerwünschten Person. Da er nur die deutsche Staatsbürgerschaft hatte, wurde er ausgewiesen, das heißt, er konnte nicht nach Paris zurückkehren.

Unter den lauten Rufen »Nous sommes toutes des juifs allemands!« – »Wir sind alle deutsche Juden!« – zogen spontan

Tausende durch die Straßen der französischen Hauptstadt. Wieder wurden Barrikaden gebaut und Gebäude gestürmt. Plötzlich brannte die Börse. Ein Demonstrant starb, nachdem er von einer Tränengasgranate getroffen worden war. Tage später, nach einer Odyssee auf Schleichwegen durch Wiesen und Wälder, tauchte Cohn-Bendit wieder in Paris auf, schwenkte in der Sorbonne sein Exemplar der Ausweisungsverfügung und rief triumphierend: »Die Revolution geht weiter!«

Auf seinem privaten Landsitz in Colombey-les-Deux-Églises bereitete de Gaulle eine Rede an die Nation vor, die er am nächsten Tag hielt. Allerdings nur im Radio, weil Unbekannte den Strom im TV-Studio abgestellt hatten. Die zentrale Botschaft waren die Auflösung der Nationalversammlung und die Ansetzung von Neuwahlen für den 23. Juni 1968. Nicht lange, nachdem er mit den Worten »Vive la République! Vive la France!« geendet hatte, stürmten Hunderttausende auf die Champs-Élysées, um ihre Unterstützung für ihn und die »alte« Republik zu bekunden.

Neben Rufen wie »Frankreich den Franzosen!« gab es auch perfide Schmähungen wie »Cohn-Bendit nach Dachau!«. Hier sprach das andere, stockkonservative, ja reaktionäre, auch antisemitische Frankreich. Bei der Wahl im Juni 1968 triumphierte de Gaulle. Er errang einen großen Sieg, die absolute Mehrheit der Sitze im Parlament – zum letzten Mal. Er starb am 9. November 1970. Mit de Gaulles letztem Triumph war die Revolte von 1968 in Frankreich vorbei. Die Normalität kehrte zurück.

In der Bundesrepublik standen mittlerweile die Notstandsgesetze, die die Große Koalition von CDU/CSU und SPD in

136

zweiter und dritter Lesung durchpauken wollte, auf der Tagesordnung. An vielen Hochschulen wurde gestreikt – die Frankfurter Johann Wolfgang Goethe-Universität hieß jetzt »Karl-
Marx-Universität«. Nachdem auch noch das Rektorat besetzt
worden war und Aktenschränke aufgebrochen wurden, räumten zwei Hundertschaften der Polizei das Gelände und sicher-
ten den Campus mit Stacheldrahtrollen. Das hatte es noch nie
gegeben.

Auf einer großen Versammlung im Sendesaal des Hessischen Rundfunks sprach Hans Magnus Enzensberger die weit-
verbreitete Befürchtung aus, die geplante Notstandsverfassung
werde »solche Versammlungen, wie diese hier, mit Tränengas
auseinandertreiben, wenn es erst so weit ist. Die Kapitalisten
und die Partei- und Gewerkschaftsbosse, die uns regieren, werden nicht auf uns hören. Sie werden sich taubstumm stellen […]
bis wir zusammen mit den Studenten und Arbeitern auf die
Straße gehen und uns ein bisschen deutlicher machen. Die
Lehre ist klar: Bedenken sind nicht genug, Misstrauen ist nicht
genug, Protest ist nicht genug. Unser Ziel muss sein: Schaffen
wir endlich auch in Deutschland französische Zustände.«

An der FU Berlin okkupierten unterdessen Studenten das
Germanistische Seminar mit der heute etwas eigentümlich klin-
genden Parole »Schlagt die Germanistik tot, macht die blaue
Blume rot«. Revolution statt Romantik, Kommunismus statt
Klopstock. An die Wand pinselte jemand den Spruch »Wie fa-
tal, wo gestern Göte stand, schläft heute Dieter Kunzelmann«.
Fatal war am Ende allerdings, dass die Besetzer selbst ihr Schei-
tern eingestehen mussten: »So wirkungslos die vom Rektorat

verhängten Sanktionen waren, den studentischen Versuch, die Verfügungsgewalt über die Produktionsmittel zu erlangen, kurzerhand zu liquidieren, so offen muss doch eingestanden werden, dass wir nicht wussten, was in der Germanistik eigentlich ein Produktionsmittel sein kann.«

An der Frankfurter Universität griff man zum bewährten Mittel des Go-in, um die Vorlesung von Professor Carlo Schmid – »Theorie und Praxis der Außenpolitik« – zur Protestveranstaltung gegen die Notstandsgesetze umzufunktionieren. Der im französischen Perpignan geborene Jurist war schon im Ersten Weltkrieg Soldat gewesen, trat nach dem Zweiten Weltkrieg in die SPD ein und wurde einer der Väter des Grundgesetzes. In seinen 1979 erschienenen *Erinnerungen* schilderte der polyglotte Schmid, der Niccolò Machiavelli, Charles Baudelaire und André Malraux übersetzt hat, die Aktion der Frankfurter Studenten wie einen Bericht von der Front – alte Autorität gegen junge Herausforderer: eine klassische Szene, repräsentativ für viele andere in dieser Zeit.

»Der Saal, der acht- bis neunhundert Zuhörer fasst, war überfüllt. Die Radikalen hatten das Fernsehen verständigt; die Kameras standen hinter den oberen Reihen; die Scheinwerfer waren eingeschaltet. Beim Betreten des Hörsaales empfing mich schüchternes Trampeln, einiges Händeklatschen; da und dort wurde gezischt. Unmittelbar am Podium, auf dem das Katheder und das Mikrofon standen, hockten mir bekannte Radikale am Boden. Eine Viertelstunde nach Beginn der Vorlesung hörte ich an der Tür hinter dem Katheder, dem Notausgang, Gepolter. Die Tür wurde eingedrückt, an die dreißig Studenten stürzten herein, stellten sich neben und hinter mich und riefen im Takt: ›Wir wollen diskutieren‹. Ich ließ sie schreien, als störe mich der Lärm nicht. Als mir ein paar Handvoll Büroklammern auf mein Manuskript und ins Gesicht geworfen wurden, wandte ich mich zu ihnen: ›Meine Damen und Herren, an diesem Platz spricht von elf bis dreizehn Uhr nur einer – und das bin ich. Scheren Sie sich vom Podium!‹ Ich drückte die Studenten, die sich an meinen Platz stellen wollten, beiseite und fuhr mit der Vorlesung fort.«

Nach der planmäßigen Pause, so Schmid, »saßen links und rechts der Stufen zum Katheder Studenten und noch mehr Studentinnen, die Füße oder Hände über den Stufen gespreizt, um mich am Gehen zu hindern. Ich sah mir das an und sagte: ›Meine Damen und Herren, mein Katheder steht dort unten; und dorthin werde ich jetzt gehen. Wenn Sie Ihre Füße und Hände nicht von den Stufen nehmen, werde ich leider nicht vermeiden können, auf sie zu treten.‹ Ich zählte bis drei und hob meinen Fuß. Auf der ersten Stufe verschwanden die Hände, einige Füße rückten zur Seite. Offenbar scheuten ihre Besitzer mein Körpergewicht. So ging es weiter von Stufe zu Stufe, bis ich unten angekommen war. Auf dem Podium standen immer noch die Studenten vom SDS […]. Im Sprechchor riefen sie: ›Notstandsminister weg!‹ und anderes mehr. ›Manifeste‹ wurden an die Tafel geschrieben. Sicher haben viele meiner Zuhörer mich nicht mehr verstehen können, aber die Vorlesung führte ich zu Ende.«

Auch in dieser Konfrontation zwischen rebellierenden Studenten und, wie sie es sahen, einem Vertreter der herrschenden politischen Macht, wurde letztlich wieder der deutsche Konflikt zwischen Kriegs- und Nachkriegsgeneration ausgetragen, dessen Unversöhnlichkeit vor allem mit dem historischen Resonanzboden zu tun hatte: der Dimension jener Verbrechen und Verheerungen zwischen 1933 und 1945.

Am 30. Mai, jenem Tag, an dem General de Gaulle seine Rede an die französische Nation hielt, verabschiedete der Deutsche Bundestag mit einer satten Zweidrittelmehrheit die Notstandsgesetze – trotz aller Proteste und eines »Sternmarsches« auf Bonn mit 60 000 Teilnehmern. Auch hier hatten sich, wie in Frankreich, die Kräfte des Status quo scheinbar wieder durchgesetzt.

Heute wissen wir, dass es anders war, dass viele Veränderungen eben ein bisschen länger brauchten. Aber in der Hitze des Gefechts wurden die Notstandsgesetze auch zur Projektionsfläche für die gegensätzlichsten Ängste und Aspirationen. In Erinnerung an Hitler und die Naziherrschaft schien vielen die Gefahr groß, dass sich durch sie eine Art Faschismus durch die Hintertür einschleichen könnte, eine stille Machtergreifung jenseits demokratischer Kontrolle. Andererseits befeuerte dieses Feindbild auch den antifaschistischen Kampfeswillen, die Entschlossenheit zum Widerstand.

Doch die Notstandsgesetze waren schon kurz darauf so gut wie vergessen, und sie wurden auch zu keiner Zeit in Kraft gesetzt. Sie spielten keine Rolle mehr. 1968 freilich wurden sie zum Katalysator der Protestbewegung, die noch einmal ein gemeinsames Ziel hatte. Nicht zufällig kam der *Spiegel* in seiner Ausgabe vom 24. Juni 1968 mit dem spektakulären Titel heraus:

»SDS – Revolution in Deutschland?«, darunter die versammelten Konterfeis von Lenin und Ho Chi Minh, Marx und Mao, Rosa Luxemburg und Karl Liebknecht – eine wahre Ahnengalerie.

Dennoch war das sehr schmeichelhaft für den SDS, der sich ja in einer akuten Krise befand, die für Außenstehende womöglich kaum erkennbar war. Die nun quasi offiziell gewordene Rede von der Revolution konnte man zugleich als eine indirekte Bestätigung für eine Bemerkung von Golo Mann verstehen, dem Sohn Thomas Manns, der ein Schriftsteller und Historiker eigener Prägung geworden war. Im Hinblick auf die letztlich gescheiterte deutsche Revolution von 1848 schrieb er: »Eine Revolution *macht* ja viel weniger, als man oft glaubt. Sie ist nur ein Ausdruck, eine plötzliche explosive Zusammenfassung gewisser Tendenzen der Zeit.«

Jürgen Habermas versteifte sich im Juni 1968 sogar darauf, nur von einer »Scheinrevolution« zu sprechen. Auf einem Schüler- und Studentenkongress in Frankfurt kritisierte er ein weiteres Mal den »Realitätsverlust« der Rebellen. Denn in Wahrheit, so fand er, existiere weder eine revolutionäre Situation noch sei sie durch einen weltweiten antikapitalistischen Kampf zu »importieren«. Vehement attackierte er die intellektuellen »Harlekins am Hof der Scheinrevolutionäre«, die sich um die »praktischen Folgen« ihrer poetischen Lobgesänge auf den Umsturz nicht kümmerten.

Ein letzter Versuch:
Der Kampf um die konkrete Utopie

Rudi hätte sich ganz gewiss leidenschaftlich in diese Debatte eingemischt, aber das ging natürlich nicht. Er konnte zwar sehen und hören, auch sprechen, aber sein Erinnerungsvermögen und sein Wortschatz waren noch gering. Das musste alles mühsam wiederhergestellt, besser wieder errungen werden. Als die kritische Zeit in Rudis Genesungsprozess allmählich überstanden war, drängte sich die Frage auf, wie viel vom Gehirn zerstört war. Schon in den nächsten Tagen bemerkten wir, dass Rudi zwar alle Familienmitglieder erkannte, aber nicht wusste, wie wir hießen. Sagten wir ihm unsere Namen ein paarmal, dann behielt er sie. Ganz einfache Fragen konnte er mit Ja und Nein beantworten, aber viele Erfahrungen und Ausdrucksmöglichkeiten waren weg.

Zu diesem Zeitpunkt wusste er nicht, was mit ihm geschehen war. Als ich ihn einmal fragte, ob er mir etwas über Lenin erzählen könne, schaute er mich verwirrt an, überlegte und antwortete nur: »Nein.« Ich sagte ihm, dass er viel über diesen russischen Revolutionär von 1917 gearbeitet habe. Ich sah, wie Rudi mit dem Denken kämpfte, wie er versuchte, mit dem Namen etwas anzufangen.

Es arbeitete den ganzen Abend in seinem Kopf, und am nächsten Tag sagte er mir: »Ich kenne Lenin« und fügte hinzu:

»Ich möchte etwas haben.« Er formte mit seinen Händen einen Gegenstand: »Es ist so.« – »Ein Buch?«, fragte ich. »Ja, ein bestimmtes.« Er zeichnete mit seinen Fingern etwas in der Luft. »Was meinst du? Mit Bildern?« Schließlich verstand ich, was er wollte: »Einen Atlas?« Er wollte sehen, wie die Welt aussieht.

Unser Freund Thomas Ehleiter erklärte sich bereit, seinen Job als Psychologe aufzugeben und sich ausschließlich um Rudis Rehabilitation zu kümmern. Trotz seiner für »68« typischen Biografie voller Brüche – seiner ganz persönlichen Suche nach neuen Ufern, des Wechsels von Scheitern und Neuanfang –, stand seine Freundschaft und Solidarität mit Rudi zu keinem Zeitpunkt in Zweifel, was er nicht nur einmal bewiesen hat. Als gebürtiger Ungar hatte er für ihn schon lange vorher Originaltexte des marxistischen Philosophen und Literaturwissenschaftlers Georg Lukács übersetzt, die Rudi anfänglich für seine Doktorarbeit benötigte.

Nun fing Thomas mit Rudi buchstäblich beim Alphabet und kleinen Einmaleins an, mit Schulfibeln aus der ersten Klasse. Immer wieder mussten wir uns klarmachen, dass ein Teil seines Gehirns weggeschossen worden war. So war es neben der Tatsache, dass er überhaupt überlebt hatte, schon ein Wunder, dass er bereits sechs Wochen danach wieder über der elften Feuerbach-These von Karl Marx brütete – selbst wenn er beim Lesen einen bezeichnenden Fehler machte und sagte: »Es kommt darauf an, *sich* zu verändern«, statt *sie*, die Welt. Aber das passte ja zum Gebot der Stunde: Rudi musste erst einmal sich selbst verändern, um überhaupt irgendwann wieder den Versuch unternehmen zu können, die Welt zu verändern.

In dieser Zeit versuchte die Boulevardpresse immer wieder, an ein aktuelles Bild von Rudi heranzukommen. Der *Stern* bot 100 000, *Bild* 80 000 D-Mark. Als Horst Mahler zu Besuch ans Krankenbett kam, bat er Rudi, auf das Geschäft einzugehen und die Hälfte des Geldes dem SDS zu spenden. Doch Rudi wies dieses peinliche Ansinnen, sich zu einer persönlichen Erniedrigung bereit zu erklären, zurück und ließ Mahler erst gar nicht aussprechen.

Dann kam die zweite Operation, bei der jenes Stück vom Schädel, das bei der ersten Not-OP herausgenommen werden musste und seitdem im Kühlschrank lagerte, wieder eingesetzt wurde. Das war noch einmal eine Aufregung für uns alle, aber der Eingriff ging gut aus. Im Juni konnte Rudi endlich das Krankenhaus verlassen. Die nächste Station auf dem langen Weg zurück in die Normalität war ein Sanatorium in der Schweiz, das uns Helmut Gollwitzer empfohlen hatte. Ein angenehmer Ort. Doch da der Aufenthalt dort zeitlich begrenzt war, gingen wir auf das Angebot des Komponisten Hans Werner Henze ein, eine Weile in seiner Villa La Leprara in Marino südlich von Rom zu wohnen.

Es war Mitte Juli und sehr heiß, als wir mit dem Zug ankamen. Dann ging es weiter in die kühleren Albaner Berge. Henzes imposantes Anwesen lag direkt gegenüber der Villa von Sophia Loren. Das ganze Haus vermittelte Reichtum und Eleganz, Pracht und Überfluss, vom riesigen Wohnzimmer bis zu den vielen Bädern. Am Anfang lebten wir dort wie Neureiche, in einer fantastischen Parallelwelt zu unserem bisherigen Leben.

Auch die Arbeit mit Thomas, der zusammen mit seiner Freundin Nana ebenfalls dabei war, ging weiter. Und sie tat Rudi gut. Doch das traumhafte Dasein trübte sich, als die ersten Paparazzi in unserem abgelegenen Refugium auftauchten. *Stern*-Fotografen hatten sich zwischen den üppigen Weinstöcken versteckt und mit ihren Kameras auf uns draufgehalten. Irgendein Berliner Genosse musste – wahrscheinlich gegen ein schönes Honorar – geplaudert haben. Rudi und Thomas versuchten noch, ihnen die Fotoapparate zu entreißen, aber es gelang ihnen nicht.

In der nächsten *Stern*-Ausgabe wurden die Fotos vom Garten der Villa großflächig präsentiert. Dazu hieß es im süffisanten Ton: »Tageslauf wie im gutbürgerlichen Urlaub: regelmäßige Mahlzeiten, Rasenspiele, Tischtennis und Fortschritte mit der Doktorarbeit. ›Genosse, du schummelst‹, ruft der Berliner Diplompsychologe Dr. Thomas Ehleiter seinem Patienten über den grünen Rasen zu. Doch den kümmert das wenig. Mit seinem Krocketschläger schiebt er eine ruhige Kugel durchs Tor und triumphiert: ›Ich bin Erster.‹ Der Erste ist Rudi Dutschke.« Danach gab es kein Halten mehr. Unzählige italienische Journalisten standen vor unserer Tür und verlangten ein Interview, und ständig klingelte das Telefon. Es war nur schwer auszuhalten. Die Ruhe war dahin.

Eines Tages tauchte Peter Schneider auf. Wir freuten uns, zumal Rudi einen Auftrag für seinen Freund hatte. Auf dem SDS-Delegiertenrat im September sollte er einen von ihm verfassten Brief, eine Art Vermächtnis, an die zerstrittenen Genossinnen und Genossen verlesen. Doch daraus wurde nichts,

weil jede Menge Journalisten nur darauf warteten, den Selbst-
zerfleischungsprozess der ehemaligen studentischen Avantgarde
aus nächster Nähe zu beobachten. Stattdessen ging der Text,
der ein echter Brandbrief war, von Hand zu Hand: Es war eine
rückhaltlose Abrechnung mit der »Vulgarisierung des antiautoritären Lagerbewusstseins« und eine Aufforderung an die »alte
Garde«, ihre Plätze für Jüngere frei zu machen. Rudi selbst
nahm sich dabei nicht aus – obwohl er erst 28 Jahre alt war.
Das Urteil über die Frankfurter SDS-Ikone Hans-Jürgen Krahl
fiel alles andere als gnädig aus: »Sein autoritärer Narzissmus
ist untragbar.« Bei Wolfgang Lefèvre monierte er das »Fehlen
von Kampfentschlossenheit«, und zu Rabehl hielt er fest: »etwas
zynisch war er immer, es hat sich aber gesteigert.«

Als Ausweg aus der politischen Stagnation im Herbst 1968
schlug Rudi vor, die sinnlosen Kämpfe mit der Polizei einzustel-
len und stattdessen in die Illegalität zu gehen – nicht in jene
des Terrorismus, sondern als Teil von »Fokussen«, klandestinen
Vierer- oder Sechsergruppen. Sie sollten pro Jahr etwa vier
Monate in Fabriken, Büros, Kaufhäusern und Landbetrieben
arbeiten, um so den Alltag, die Bedürfnisse und Wünsche des
Volkes kennenzulernen, nicht zuletzt, um die Verhältnisse zu
ändern. Es handelte sich ungefähr um das, was ab 1969 »revolutionäre Betriebsarbeit« genannt wurde. So war die Frankfurter Spontigruppe »Revolutionärer Kampf«, zu der auch Joschka
Fischer gehörte, jahrelang bei Opel Rüsselsheim aktiv. Rudis
Brief endete mit dem Versprechen, »zur rechten Zeit« aufzu-
tauchen, »wenn ich wieder wirklich körperlich voll in Ordnung
bin«.

Bis dahin war es aber noch ein weiter Weg. Der führte uns, nach einem Zwischenspiel in Giangiacomo Feltrinellis Haus in Mailand, nach England. Weil sich Rudis Gesundheitszustand zwischenzeitlich verschlechtert hatte, gingen wir im Spätherbst 1968 nach London. Der Schriftsteller Erich Fried und seine Frau Catherine hatten uns zu sich eingeladen.

Da wir damit rechnen mussten, dass die britische Regierung Rudis Einreise verweigern würde, bin ich mit Hosea Che vorausgefahren, um einen Arzt zu finden, der auch die Erteilung eines Visums für Rudi unterstützen könnte. Erich konnte den Neurologen Dr. Ian McDonald verpflichten, der zunächst keine Ahnung hatte, wer dieser Patient war, dessen Visumgesuch er befürworten wollte. Kaum war Rudi dann in London eingetroffen, erlitt er seinen ersten schweren Zusammenbruch. Plötzlich lag er völlig verkrampft und hilflos am Boden. Es war der erste epileptische Anfall in der Folge des Attentats.

Im Schock rannte ich hinaus auf die Straße und fragte Passanten, ob sie wüssten, wo ich Hilfe bekommen könnte. Sie schauten mich an, als ob ich verrückt wäre. Dann erst kam ich darauf, Dr. McDonald anzurufen. Rudi hielt später die Ergebnisse der ärztlichen Untersuchung in seinen Worten fest: »1) Ich bin überhaupt nicht mehr krank, bin aber auf gefährlichem Weg. 2) Aus Nervosität wird Neurose. 3) Aus Todesangst wird Rückschlag. 4) Aus den traumatischen Erfahrungen der Schüsse muss ich heraus: ich habe 2 Chancen – Friedhof – völlige Gesundheit in 3–5 Monaten.«

In die Zeit dieser persönlichen und politischen Turbulenzen fiel ein welthistorisches Ereignis – die Besetzung der ČSSR, der tschechoslowakischen Republik, durch die vereinten Truppen des Warschauer Pakts, angeführt von der sowjetischen Armee. Am 21. August 1968 eroberten sie Prag und zerstörten damit jenen »Frühling« eines freiheitlichen Sozialismus, den wir uns im März des Jahres noch mit Begeisterung angesehen hatten. Tagelang widerstanden die Prager Bürger den Panzern mit bloßen Händen, mit Wut und Zivilcourage, List und Tücke. Dazu gehörte der Versuch, den Besatzern die Orientierung in der fremden Stadt zu erschweren, indem man Straßenschilder verdrehte oder gleich ganz abmontierte. Am Ende half es nichts. Die gerade gewonnene Freiheit wurde brutal niedergewalzt, Ludvik Svoboda und Alexander Dubček wurden nach Moskau verschleppt. Die amtliche sowjetische Nachrichtenagentur verbreitete derweil die offizielle Begründung für die Okkupation eines Landes, das 30 Jahre zuvor schon einmal überfallen worden war – von Hitlers Wehrmacht:

»TASS ist bevollmächtigt, zu erklären, dass sich Persönlichkeiten der Partei und des Staates der Tschechoslowakischen Sozialistischen Republik an die Sowjetunion und die anderen verbündeten Staaten mit der Bitte gewandt haben, dem tschechoslowakischen Brudervolk dringend Hilfe, einschließlich der Hilfe durch bewaffnete Kräfte, zu gewähren. Dieser Appell wurde ausgelöst, weil die in der Verfassung festgelegte sozialistische Staatsordnung durch konterrevolutionäre Kräfte gefährdet wurde, die mit den dem Sozialismus feindlichen äußeren Kräften in eine Verschwörung getreten sind. [...] Die weitere Zuspitzung der Situation in der Tschechoslowakei berührt die Lebensinteressen der Sowjetunion und der anderen sozialistischen

Länder, die Interessen der Sicherheit der Staaten der sozialistischen Gemeinschaft. Die Gefahr für die sozialistische Ordnung in der Tschechoslowakei ist gleichzeitig auch eine Gefahr für die Grundfesten des europäischen Friedens.«

Ein einziges Lügengebäude unverschämter Propaganda, das allerdings auch im Westen gläubige Parteigänger fand – wie immer auch in den Reihen jener orthodoxen Kommunisten, die mit der antiautoritären Revolte schon längst nichts mehr zu tun haben wollten. Die im September gegründete Deutsche Kommunistische Partei (DKP) begrüßte den Einmarsch ausdrücklich, an dem ja auch ihre Finanziers aus der DDR beteiligt waren – mit der Volksarmee der DDR. Auch wenn in Frankfurt am Main fast 5000 Menschen gegen diesen völkerrechtswidrigen Gewaltakt protestierten und der SDS auf einem spontanen Teach-in vom »Rückfall in den Stalinismus« sprach – viele andere, die sich zur westdeutschen Linken zählten, zögerten mit einer Verurteilung oder schwiegen lieber.

Das war das Ende des Sommers von 1968, in dem noch einmal das Gefühl vorherrschte, eine andere, neue hoffnungsvolle Zeit sei gerade erst angebrochen. Die auch nur halbwegs realistische Hoffnung auf einen demokratischen und antiautoritären Sozialismus hatte sich – zumindest für das 20. Jahrhundert – in diesem Herbst erledigt. Als Jimi Hendrix gefragt wurde, was er von seinem Leben erwarte, antwortete er nicht mit den üblichen Phrasen, sondern ganz konkret: »Eine Frau lieben, einen guten Blues spielen, ab und zu einen Joint rauchen, gut essen, gut trinken. Ganz normale Sachen. Aber das kannst du nicht, solange die Pigs regieren. Da muss noch viel passieren, bis alle ganz normale Sachen machen können. Es ist noch viel Kampf nötig.«

Noch im Sommer 1968 war es eben ganz normal, dass man so etwas wie eine Revolution machen musste, um einen wirklich guten Blues spielen zu können. Diese Einschätzung hat sich zwar schon damals als falsch erwiesen, aber sie zeigt, wie sehr das Politische und das Private, das Große, Allgemeine und das Kleine, Alltägliche zusammengedacht wurden, wie stark sich Gefühle und Gedanken, Stimmungen und Reflexionen mischten.

In der Kommune 1 versuchte man derweil zu retten, was zu retten war von der ursprünglichen Vorstellung, mit der Revolution bei sich selbst anzufangen, um nicht als »Apparatschiks« zu enden oder als »vertrottelte Seminarmarxisten im Ohrenbackensessel mit Professorenbäuchlein, Ehefrau, Enkeln und Pantoffeln«, wie Ulrich Enzensberger in seinen Erinnerungen formuliert. So groß die Angst vor Verbürgerlichung und politischem Stillstand war, so angestrengt wurde nach dem Ausweg, der »Perspektive« gesucht. »Nach zwei Jahren immer härterer Aktionen versuchten wir, zu unseren Ursprüngen zurückzufinden«, resümiert Enzensberger. »Ein Matratzenlager wurde eingerichtet, ein Stichtag festgesetzt. Es war im Grunde ein ziemlich hilfloser Versuch, die Uhr zurückzudrehen, in den Stand der Unschuld zurückzufinden.«

Auf seiner Delegiertenkonferenz vom 12. bis zum 16. September 1968 in Frankfurt stellte sich auch dem SDS die Frage der Fragen: Wie sieht der rote Faden aus, der das alles verbindet – die Anti-Springer-Kampagne und die Justizkampagne, der

Kampf gegen die technokratische Hochschulreform und die Proteste gegen den Vietnamkrieg, die Kinderladenbewegung und die Solidaritätsbewegung mit den Guerillakämpfen in der »Dritten Welt«? Gewiss, daneben gab es auch immer noch spektakuläre Einzelaktionen, die in die Geschichte eingingen – zum Beispiel Beate Klarsfelds Ohrfeige für Bundeskanzler Kurt Georg Kiesinger, der ein Mitglied der NSDAP gewesen war, oder die militante Demonstration gegen die Verleihung des Friedenspreises des Deutschen Buchhandels an Senegals autokratisch-postkolonialen Präsidenten Léopold Senghor, aber eine »Strategie« dahinter war nicht mehr erkennbar.

Das Problem des SDS war, dass er zum revolutionären Generalstab ohne Truppen geworden war. Das Fußvolk revoltierte immer häufiger auf eigene Rechnung und unter eigener Fahne. Die politische und soziale Dynamik hatte sich in die Gesellschaft hinein verlagert, in viele ihrer unüberschaubaren Milieus, Gruppen und Szenen, die oft gar nichts voneinander wussten.

Eine Quadratur des Kreises stand im Raum: Wie strukturiert und »fokussiert« man eine fließende, mäandernde Bewegung, die längst unüberschaubar geworden ist? Denn auch unsere Schilderung betrifft ja nur die wichtigsten Ereignisse. Einen Eindruck davon, wie sehr sich schon damals Alltagsleben, Selbstbewusstsein und Lebensgefühl von Hunderttausenden verändert hatten, vermitteln erst die unzähligen autobiografischen Berichte, wissenschaftlichen Werke und historischen Zeugnisse – inklusive Filme –, die in den letzten 50 Jahren erschienen sind. Alle zusammen bilden sie ein Panorama der Umwälzungen, die seitdem passiert sind.

So kam es, wie es kommen musste: Die ominöse »Organisationsfrage« stand wieder einmal im Mittelpunkt der Debatte des SDS. Mit beschwörenden Formulierungen wie der von der »Konsolidierung der Protestbewegung als Organisation des offensiven Widerstands« war es allerdings nicht getan. Rasch offenbarten sich drei Haupttendenzen: Die einen glaubten, man müsse nur noch mehr forschen, analysieren und Theorien entwerfen. Das waren die »Ableitungsfreaks«, die einen geschlossenen Begründungszusammenhang zwischen dem »System« und seinen gesellschaftlichen Folgen herstellen wollten, und sei es den zwischen den »toten Kosten im Kapitalverwertungsprozess« und den Orgasmusschwierigkeiten alleinstehender Jungarbeiter. So wie das Elend wäre also auch das mögliche Glück von einer einzigen großen Ursache »ableitbar«. Über allzu konkrete Wege dorthin machte man sich weniger Gedanken.

Die zweite Gruppe hielt nichts von einer derart abstrakten Vorgehensweise. Sie verlangte »Action«, Attacke, Entschlossenheit zur Tat. Die dritte, immer noch größte Gruppe der Antiautoritären hielt an dem Gedanken fest, »dass die Spannung zwischen theoretischen Prinzipien und praktischen Schwierigkeiten stets neu ausgehalten werden muss«, dass also Emanzipation weder durch »falsche Unmittelbarkeit« banalisiert noch durch schlechte Abstraktion zum leblosen Gegenstand endloser Debatten degradiert werden darf. Am leichtesten hatte es noch die »Revi-Fraktion« der moskowitischen Parteikommunisten: Ihre Revolution hatte schon stattgefunden – im Oktober 1917. Man musste sich nur an die unverrückbaren und ewig wahren Lehren von Marx, Engels, Lenin und Stalin halten.

Die anderen hatten es schwerer. Bernd Rabehl beschrieb in einem Artikel für eine kubanische Zeitschrift zur gleichen Zeit die Probleme der einstigen SDS-Projektgruppen in polemischer Schärfe: »Unter dem Druck der Ereignisse lösten sie sich auf, ohne auch nur in Ansätzen Solidarität herzustellen oder verbindliche Diskussionen einzuleiten. Die Mitglieder informierten sich schüchtern in der bürgerlichen Presse über die Ansichten ihrer Opinionleader und plapperten sie leutselig nach, weil die theoretische Ableitung der Strategien ihnen unklar blieb: Radikale Phraseologie, Mutmaßungen über eine schöne Welt und Straßenguerilleros ersetzten theoretische Arbeit und Diskussion und machten politische Aktionen zu Abenteuern. In dieser Periode war der SDS eher vergleichbar mit einem kleinbürgerlichen Sportverein, der sich im Spiel ›Räuber und Gendarm‹ übte, als mit einer proletarischen Avantgarde.« Erst in der »nächsten Phase des Kampfes« werde sich zeigen, ob die »Praxis des SDS und seiner Organisationsstruktur sozialrevolutionär emanzipatorische Züge trug« oder sie sich als eine »utopisch-radikale Intellektuellenbewegung« gestalten würde, die »keine weitreichende geschichtliche Bedeutung als Avantgarde der sozialistischen Revolution in den Metropolen erringen konnte«.

Viele große schwere Worte, komplexe Begriffe, mit denen man allerdings auch, wie Rudi einmal Jürgen Habermas vorgeworfen hatte, das zu emanzipierende Subjekt erschlagen konnte. Man sieht, die Ansprüche waren gigantisch, und allein dieser Umstand erklärt, warum sich so viele Genossinnen und Genossen lieber ihre eigenen Wege suchten. Vor allem Genossinnen.

Denn sie hatten noch ganz andere Probleme als Strategie und Taktik auf dem Weg zur Weltrevolution.

Als Helke Sander, später erfolgreiche Filmemacherin und Schriftstellerin, als Mitglied des »Aktionsrats zur Befreiung der Frauen« ans Mikrofon der Frankfurter SDS-Delegiertenkonferenz trat, war sie tatsächlich erst die zweite Frau, die dort bis dahin überhaupt das Wort ergriffen hatte. Deshalb musste sie auch ein wenig ausholen, sich erst einmal rhetorisch Platz verschaffen in der dauerdiskutierenden Männerrunde.

»Liebe Genossinnen, Genossen«, hob sie an, »der Landesverband Berlin des SDS hat mir einen Delegiertenplatz gegeben, obwohl nur wenige von uns Mitglieder des Verbandes sind. […] Wir stellen fest, dass der SDS innerhalb seiner Organisation ein Spiegel gesamtgesellschaftlicher Verhältnisse ist. Man gewährt zwar den Frauen Redefreiheit, untersucht aber nicht die Ursachen, warum sie sich so schlecht bewähren, warum sie so passiv sind. Wir können die gesellschaftliche Unterdrückung der Frau nicht individuell lösen. Wir können damit nicht auf Zeiten nach der Revolution warten. Wir streben Lebensbedingungen an, die das Konkurrenzverhältnis zwischen Mann und Frau aufheben. Das geht nur durch Umwandlung der Produktionsverhältnisse und damit der Machtverhältnisse, um eine demokratische Gesellschaft zu schaffen. Die Hilflosigkeit und Arroganz, mit der wir hier auftreten müssen, macht keinen besonderen Spaß.« Und dann legte sie erst richtig los: »Genossen, eure Veranstaltungen sind unerträglich. Ihr seid voll von Hemmungen, die ihr als Aggressionen gegen die Genossen auslassen müsst, die etwas Dummes sagen oder etwas,

was ihr schon wisst. Warum sagt ihr nicht endlich, dass ihr kaputt seid vom letzten Jahr, dass ihr nicht wisst, wie ihr den Stress länger ertragen könnt. Warum diskutiert ihr nicht, bevor ihr neue Kampagnen plant, darüber, wie man sie überhaupt ausführen soll? Warum sprecht ihr denn hier von Klassenkampf und zu Hause von Orgasmusschwierigkeiten? Ist das kein Thema für den SDS? Genossen, wenn ihr zu dieser Diskussion nicht bereit seid, dann müssen wir allerdings feststellen, dass der SDS nichts ist als ein aufgeblasener konterrevolutionärer Hefeteig.«

Das saß. Eine Gardinenpredigt der anderen Art. Die Genossen waren perplex und übten sich in Übersprunghandlungen: höhnische Zwischenrufe, Gejohle, Pfiffe, Getrampel. Hohoho. »Aufgeblasener konterrevolutionärer Hefeteig« – das konnte man so nicht stehen lassen, auch wenn es den Genossen einigermaßen die Sprache verschlagen hatte. Angriffe von der Springer-Presse und den Vertretern des Großkapitals – das war man gewohnt. Aber von den eigenen Genossinnen?

Schließlich bequemte sich Hans-Jürgen Krahl dann doch ans Mikrofon, aber da war es schon zu spät. Drei Tomaten flogen durch den Saal, eine davon landete auf dem Großtheoretiker des SDS. Die Romanistikstudentin Sigrid Rüger schleuderte ihrem Volltreffer die Worte hinterher: »Genosse Krahl, du bist objektiv ein Konterrevolutionär und ein Agent des Klassenfeindes dazu!« Das war die Geburtsstunde der neuen Frauenbewegung in Deutschland. Die Männer allerdings begriffen das noch lange nicht. Konfusion und Irritation auf allen Seiten. So brach man die Konferenz ab und vertagte sich auf November nach Hannover. Doch die »Frauenfrage« konnte nun nicht mehr von der revolutionären Tagesordnung gestrichen werden, auch wenn die Mehrheit der Männer sie zunächst noch als zweitrangigen »Nebenwiderspruch« bezeichnete, der erst nach der Lösung des Grundwiderspruchs zwischen Arbeit und Kapital in Angriff genommen werden könne.

Auf der SDS-Delegiertenkonferenz in Hannover im November – dass es wirklich die letzte sein würde, war noch nicht jedem klar – geriet zunächst der Zustand der einstigen Avantgarde selbst ins Zentrum der Kritik. »Überall sehen wir Destruktionserscheinungen«, schimpfte ein Genosse, »Zersetzungserscheinungen, die Gruppen fliegen auseinander.« Es wurde immer deutlicher, dass mit dem Ende der frühen, antiautoritären, »provokativen« Phase die Revolte auch die Kraft ihrer unverwechselbaren Sprache verloren hatte. Sie war unterdessen vom Mittel der Kommunikation untereinander und mit der Gesellschaft zu einem oft schematischen Propagandainstrument geworden, eine »blinde Sprache, ne agitatorische Sprache einerseits und ne Happening-Sprache andererseits«, wie der SDS-Vorsitzende Frank Wolff sagte.

Christian Semler zog daraus den Schluss, »ein System von Kritik und Selbstkritik« nach dem Vorbild Mao Tse-tungs zu etablieren, also mehr Zentralismus und eine »straffe Organisation« – so ziemlich das Gegenteil einer antiautoritären Bewegung. Noch während des Beifalls für diese eher kommunistische Neuausrichtung des SDS kam Unruhe auf. Stimmen riefen durcheinander, Flugblätter wurden verteilt. Sie stammten vom Frankfurter »Weiberrat«, dem sich die anderen Frauengruppen angeschlossen hatten.

Es war ein sehr besonderes, sehr provokantes Flugblatt. Unter der Überschrift »Rechenschaftsbericht des Weiberrats der Gruppe Frankfurt« befand sich eine detaillierte, durchaus fantasievolle Zeichnung: Wie Jagdtrophäen hingen, von eins bis sechs durchnummeriert und katalogisiert, die erigierten Penisse der SDS-Genossen Schauer, Gäng, Krahl, Rabehl und Reiche. Darunter rekelte sich eine nackte Frau auf dem Sofa. In der rechten Hand baumelte eine Axt. Die wenig verklausulierte Botschaft lautete wörtlich: »Befreit die sozialistischen Eminenzen von ihren bürgerlichen Schwänzen!«

Im Text auf der Rückseite ging es dann richtig zur Sache: »Wir machen das Maul nicht auf! Wenn wir es doch aufmachen, kommt nichts raus! Wenn wir es auflassen, wird es uns gestopft: mit kleinbürgerlichen Schwänzen, sozialistischem Bumszwang, sozialistischen Kindern, Liebe, sozialistischer Geworfenheit, Schwulst, sozialistischer potenter Geilheit, sozialistischem intellektuellem Pathos, revolutionärem Gefummel, gesamtgesellschaftlichem Orgasmus, sozialistischem Emanzipationsgeseich, Gelaber! Wenn's uns mal hochkommt, folgt: Sozialistisches Schulterklopfen, väterliche Betulichkeit, dann werden wir ernst genommen, dann dürfen wir an den Stammtisch, dann tippen wir, verteilen Flugblätter, malen Wandzeitungen, lecken Briefmarken. Kotzen wir's aus: Wir sind penisneidisch, frustriert, hysterisch, verklemmt, asexuell, lesbisch, frigid, zu kurz gekommen, irrational, zickig, penisneidisch, penisneidisch, penisneidisch, Frauen sind *anders*!«

Als einer der Ersten fand Christian Semler, der eben noch Kritik und Selbstkritik im Sinne Mao Tse-tungs gefordert hatte, seine Sprache wieder und sagte: »Ich würde den Genossen, die da namentlich genannt sind, raten, sich ne Leibwache zuzulegen. Das wäre sehr gut, denn das scheint ja noch gefährlich zu werden.« Reiner Geulen, später ein erfolgreicher Anwalt für Umwelt- und Haftungsrecht, fügte spöttisch hinzu: »Ja, Genossinnen, es sollte doch das eine oder andere noch geklärt werden, warum von den Nummern 7 bis 49 die Abbildungen fehlen. Liegt das daran, dass das empirische Material fehlt?« An dieser Stelle verzeichnete das Protokoll »großes Gelächter«. Mona Steffen, eine der Aktivistinnen, reagierte umgehend und kritisierte den »Zynismus«, mit dem die Männer ihre »politische Unfähigkeit« kaschierten. Das widerspreche »diametral« ihren ideologischen Ansprüchen.

Wie zielgenau die SDS-Frauen ihre männlichen Kollegen an der empfindlichsten Stelle getroffen haben, zeigten exemplarisch zwei Reaktionen. Die eine war akademisch-überheblich, die andere unmittelbar machohaft, dabei fast schon weinerlich. Reiner Geulen meinte in vollem Ernst, »über die Emanzipation der Frau zu reden« könne man getrost »bürgerlichen Soziologen überlassen«, während der Genosse Oberlercher zu Protokoll gab: »Also, Genossen, mein Schwanz soll auch abgehackt werden. Und ich finde das also ne ziemliche Schweinerei von den Frauen. Statt meinen Schwanz abhacken zu lassen, möchte ich ihn natürlich lieber in die Scheiden der Genossinnen stecken, das ist 'n ganz natürliches Bedürfnis.«

Dann kriegte der Genosse aber doch noch die Kurve zur Psychoanalyse und Sigmund Freud und beklagte, »dass diese ganze Sache hier aus der bürgerlichen Kastrationsdrohung und der

Penissymbolik herauskommt«. Damit reproduzierten »die Genossen haargenau das, den Mechanismus, mit dem wir repressiv erzogen worden sind, denn mit der Kastrationsdrohung sind wir erzogen worden. Und das finde ich scheiße.«

»Ja, genau! Du verstehst noch nicht mal Ironie!«, rief ihm eine Genossin zu. Christian Semler sah das Problem vom höheren Standpunkt aus und warnte davor, »das Feld den Revisionisten und linksbürgerlichen Frauen zu überlassen«. Dem Genossen Zollinger dagegen ging es vor allem darum, »das Bewusstsein des Volkes zu heben«. Wütend rief eine Genossin dazwischen: »Begreift das doch mal als euer Problem!«

»Nein, eben nicht speziell der Männer«, antwortete prompt einer der Angesprochenen: »Ich finde das keineswegs abstrakt, sondern das ist das Ergebnis, wie Wilhelm Reich nachgewiesen hat in der *Sexuellen Revolution*, dass die durch die kapitalistische bzw. feudalistische Produktionsweise entstehenden gesellschaftlichen Reproduktionsmechanismen eine sexuell repressive Organisation der Sexualität wie die Familie überhaupt erst hervorbringen.«

So wogte der Kampf der wütenden Worte hin und her, und eines wurde überdeutlich: Die Männer fühlten sich tief gekränkt und versuchten, mit dem traditionellen Begriffsvokabular der SDS-Theoriedebatten den Frontalangriff der Frauen abzuwehren und so wieder in die Spur zu kommen. Und tatsächlich, mit Mehrheit wurden alsbald der »Abbruch der Debatte« und die Wiederaufnahme der Hochschuldiskussion beschlossen.

Tatsächlich blieb, bei aller Unklarheit darüber, wohin die revolutionäre Reise gehen würde, die Universität ein zentraler

Schauplatz der politischen Auseinandersetzung. Auch wenn die Revolte längst nicht mehr unter dem Begriff »Studentenbewegung« zu subsumieren war, so ging es bei den Konflikten an den Hochschulen doch immer auch um die Rolle der »wissenschaftlichen Intelligenz«: Sollten die zukünftigen Akademiker als Teil der gesellschaftlichen Elite »angepasste Fachidioten« und funktionierende Rädchen im Getriebe sein? Oder, wie Hans-Jürgen Krahl hoffte, »kollektive Theoretiker des Proletariats«?

Für die Rebellen war die Antwort klar. Entscheidend aber, dass dahinter letztlich die Vorstellung stand, die eigene »Klasse«, die Herkunft aus dem mehr oder weniger »kleinen« oder »großen« Bürgertum zugunsten der Arbeiterklasse verraten zu müssen. Das Problem war nur, dass die Arbeiterklasse, soweit sie überhaupt noch in dieser marxistischen Kategorie zu fassen war, insgesamt wenig Neigung gezeigt hatte, sich hinter einer studentischen Avantgarde zu versammeln.

Gleichwohl beschlossen zu Beginn des Wintersemesters 1968/1969 über 1000 Studentinnen und Studenten der Erziehungswissenschaften an der Frankfurter Goethe-Universität einen unbefristeten Boykott aller Lehrveranstaltungen. Damit wollten sie gegen die Verkürzung des Lehrerstudiums protestieren, gegen eine »Fachidiotenausbildung« in nur sechs Semestern, die keinen Raum ließe für gesellschaftskritische Reflexionen. Im Dezember schlossen sich die Soziologen an und wurden gleich grundsätzlich: Sie riefen einen »aktiven Streik zur Neuorganisierung des Studiums aus« – gegen die Zumutungen der technokratischen Hochschulreform, die das Studium eher den

Interessen der Wirtschaft als denjenigen der Wissenschaft unterordnen wolle.

Das soziologische Seminar wurde besetzt und in »Spartakus-Seminar« umgetauft. Dort sollten nun »autonome Arbeitskreise« eine emanzipative, antiautoritäre Lehr- und Forschungspraxis entwickeln. Doch damit entstand ein neuer Konflikt – in diesem Fall nicht zuallererst mit der etablierten Universitäts- und Ordinarienhierarchie, sondern ausgerechnet mit den Ikonen der Kritischen Theorie, die ja im Prinzip aufseiten der Studenten standen: Adorno, Mitscherlich, Habermas, von Friedeburg.

Sie boten zwar an, »gemeinsam zu einer Reorganisation des Studiums« beizutragen, beharrten aber auf dem Eigentums- und Hausrecht sowie darauf, dass der offizielle Lehrbetrieb aufrechtzuerhalten sei – nicht zuletzt aufgrund des Beamtenrechts. Daraufhin schlug der damalige SDS-Bundesvorsitzende Reimut Reiche all jenen Professoren, die sich der neuen, antiautoritär organisierten Wissenschaft verweigerten, die Emigration ins »Zonenrandgebiet oder nach »Konstanz am Bodensee« vor.

Habermas ließ sich davon nicht beeindrucken und ging sogar noch einen Schritt weiter. Er sprach von der »Basis der Aufklärung«, die mit der »politischen Instrumentalisierung des Denkens« durch den Streik verletzt werde. Wer die »Bedingungen vernünftiger Rede und damit die Grundlage von Humanität abschaffen« wolle, indem er für die »Ad-hoc-Bedürfnisse sogenannter Praxis einzelne theoretische Ansätze dogmatisieren will, dessen moralische, geistige und politische Verfassung unterscheidet sich prinzipiell nicht mehr vom intellektuellen

Prototypus, sei es der Faschisten oder der Stalinisten«. Das erinnerte stark an die Linksfaschismusthese vom Juni 1967.

Die Studenten waren empört. In einem Flugblatt schrieben sie: »Wir haben es satt, mit den kritischen Ordinarien über Hochschulreform zu diskutieren, ohne dass den Studenten eine Kontrolle über die Produktivkraft Wissenschaft zugestanden wird. Wir haben keine Lust, die linken Idioten des autoritären Staates zu spielen. Wir nehmen den Anspruch Horkheimers ernst: ›Die revolutionäre Karriere führt nicht über Bankette und Ehrentitel, über interessante Forschungen und Professorengehälter, sondern über Elend, Schande, Undankbarkeit, Zuchthaus ins Ungewisse, das nur ein fast übermenschlicher Glaube erhellt. Von bloß begabten Leuten wird sie daher selten eingeschlagen.‹« Schon damals allerdings hätte dieses angemaßte Pathos dem einen oder anderen unangenehm aufstoßen können, denn die Sätze des jüdischen Naziflüchtlings Horkheimer stammen aus den 30er-Jahren des vorigen Jahrhunderts, als tatsächlich sehr viel Glaube »an die Sache« nötig war.

Das Ganze war auch deshalb ein exemplarischer Konflikt der besonderen Art, weil Adorno und Horkheimer ja gerade keine Naziväter waren, sondern Emigranten aus Nazideutschland, die ein paar Jahre nach 1945 endgültig in die Bundesrepublik zurückkehrten. Dennoch – oder vielleicht gerade deshalb – eskalierte dieser Autoritätskonflikt innerhalb kurzer Zeit. Während die Streikenden es als »schizophren« empfanden, dass die »kritische Funktion der Frankfurter Schule« sich nun objektiv gegen ihre eigenen Intentionen wende, forderten Adorno, Habermas und Co. die Studenten auf, das besetzte Seminar freiwillig zu verlassen. Die weigerten sich, und so rief Adorno die Polizei. Ein maßgeblicher Aspekt dieses Konflikts war sicherlich die Angst vor dem Faschismus und einer möglichen Wiederbelebung, die vor allem unter den Studenten unverändert präsent war. Immerhin: Es gab Ansätze, die in diesem Sinne theoretisch als Bedrohung aufzufassen waren, allerdings hatten sich inzwischen auch demokratisch verfasste Strukturen entwickelt, was von so manchen übersehen wurde.

Im Morgengrauen des 18. Dezember 1968 räumte die Polizei das besetzte »Spartakus«-Seminar. Ein Sakrileg für einen systemkritischen »linken Prof«. Damit nicht genug: Im Januar 1969 wurden nach der Ausweitung des Streiks 76 Studenten im Institut für Sozialforschung verhaftet – wieder auf Veranlassung von Adorno und Kollegen. Monate später begegneten sich Adorno und Krahl, Lehrer und Schüler, im Gerichtssaal. Dabei nahm der Angeklagte Krahl seinen alten Mentor ins strenge Verhör – eine Prüfung in politischer Dialektik.

Am 14. Februar 1969 schrieb Adorno einen Brief an Herbert Marcuse ins kalifornische San Diego, in dem er seine Lage sehr persönlich schildert: »Lieber Herbert, hier ging es wieder grässlich zu. Wir mussten die Polizei rufen. Die Situation ist an sich scheußlich, aber Friedeburg, Habermas und ich waren bei dem Akt dabei und konnten darüber wachen, dass keine physische Gewalt angewandt wurde. Nun herrscht großes Lamento, obwohl Krahl die ganze Aktion nur organisiert hatte, um in Untersuchungshaft zu kommen und dadurch die zerfallende Frankfurter SDS-Gruppe nochmals zusammenzuhalten – was ihm einstweilen auch gelungen ist. In der Propaganda werden die Dinge völlig auf den Kopf gestellt. Dies nur zu deiner Orientierung für den Fall, dass Gerüchte und gefärbte Darstellungen zu dir dringen sollten.«

Für die Rebellen war Adorno nun endgültig auf der »anderen Seite« angekommen, auf der Seite der »Herrschenden«. Angesichts der Herausforderungen revolutionärer Praxis sei er »eingeknickt«. Der Autor der *Dialektik der Aufklärung* wehrte sich mit einem Bekenntnis, das sogar seinen Weg in die Spalten der Illustrierten *Stern* geschafft hat: »Ich habe ein theoretisches Denkmodell aufgestellt. Wie konnte ich ahnen, dass Leute es mit Molotow-Cocktails verwirklichen wollen.«

Als er das schrieb, ahnte er freilich noch nicht, welche Art von Praxis ihm noch auf den Leib rücken würde. Am 22. April 1969 forderten ihn Studenten zu Beginn seiner Lesung »Einführung in dialektisches Denken« lautstark zur »öffentlichen Selbstkritik« auf. Einer kritzelte mit Kreide an die Tafel »Wer nur den lieben Adorno lässt walten, der wird den Kapitalismus ein Leben lang behalten«.

Plötzlich sprangen drei Studentinnen auf das Podium und umringten den 65-jährigen Professor. Während sie Rosenblüten verstreuten, entblößten sie ihre Brüste und versuchten, Adorno zu küssen. Er wehrte sich nach Kräften mit seiner Aktentasche gegen diese Zudringlichkeiten, was naturgemäß einen hilflosen, ja peinlichen Eindruck machte. Hastig griff er Hut und Mantel und verschwand. Die Vorlesung wurde auf unbestimmte Zeit vertagt. Auf dem Boden verstreut lagen Flugblätter der »Basisgruppe Soziologie«. Überschrift: »Adorno als Institution ist tot.«

Zehn Wochen später war Theodor W. Adorno wirklich tot. Am 6. August 1969 starb er in der Schweiz nach der Rückkehr von einer Bergwanderung auf einen 3000 Meter hohen Gipfel. Beim Besuch eines kleinen Schuhladens erlitt er einen Herzinfarkt. Unmittelbar vor seinem Tod hatte er Marcuse, der den rebellierenden Studenten deutlich positiver gegenüberstand, einen letzten Brief aus der Schweiz geschrieben. »Die Meriten der Studentenbewegung bin ich der Letzte zu unterschätzen«, hieß es darin. »Sie hat den glatten Übergang zur total verwalteten Welt unterbrochen. Aber es ist ihr ein Quäntchen Wahn beigemischt, dem das Totalitäre teleologisch innewohnt.«

Die »Busenaktion« ging in die Frankfurter Annalen ein. Ein Ruhmesblatt für die Rebellen war sie nicht. Viel eher ein symbolischer Vatermord, dessen Ausläufer bis zur Beerdigung Adornos reichten, für die einige Genossen aus der »Lederjackenfraktion« Eierwürfe angekündigt hatten. Allerdings drohte Hans-Jürgen Krahl jedem persönlich Prügel an, der es wagen würde, die Trauerzeremonie zu stören, zu der sich die gesamte Intelligenzija der Bundesrepublik auf dem Frankfurter Hauptfriedhof versammelt hatte.

Das Ende von 68: Autoritätsgläubiges Sektierertum und anmaßende Militanz

1968 war ziemlich unspektakulär zu Ende gegangen. Doch zum Jahreswechsel machten sich die Zentrifugalkräfte der Revolte immer stärker bemerkbar. Eine Richtung hatte am 4. November noch einmal massiv für Schlagzeilen gesorgt – bei einer außerordentlich militanten Auseinandersetzung zwischen Demonstranten und der Polizei, die als »Schlacht am Tegeler Weg« in die Geschichte einging und von der *Zeit* als »die turbulenteste Straßenschlacht der deutschen Nachkriegsgeschichte« bezeichnet wurde. 20 Demonstranten und 130 Polizeibeamte wurden teils schwer verletzt – eine glatte Umkehrung der sonstigen Verhältnisse.

Anlass war ein Ehrengerichtsverfahren gegen Horst Mahler gewesen, der unter dem Vorwurf stand, er habe sich am Gründonnerstag 1968 nach dem Attentat auf Rudi an den Protesten vor dem Springer-Haus in einer Weise beteiligt, die mit den Pflichten eines Anwalts unvereinbar sei. Unter Rufen wie »Hände weg von Mahler!« durchbrachen die aufgebrachten Demonstranten, darunter auch sogenannte »Politrocker« und Arbeiterjugendliche, die Polizeiketten und benutzten erstmals im koordinierten Einsatz schwere Pflastersteine. Als diese Munition ausging, stoppten sie einen Lastwagen mit Ziegelbruch und deckten sich mit den neuen Wurfgeschossen ein. Die völlig überforderte Polizei überschritt nun ihrerseits die Grenzen des Erlaubten und warf die Steine zurück. Tränengasbomben kamen zum Einsatz, doch erst die berittene Polizei beendete den Kampf, der einen Wendepunkt markierte.

Ein Aktivist analysierte ihn in bemerkenswerter Klarheit: »Wir standen vor dem politischen Ende der antiautoritären Provokationsstrategie. Das Denken veränderte sich. Nicht mehr der Lernprozess, sondern die organisatorischen Voraussetzungen für den Machtkampf standen nunmehr im Vordergrund. Wir konnten nicht mehr zurück; um aber weiterzugehen, war die Basis zu schwach. Während sich unsere Köpfe mit Klassenanalyse füllten, legten die Polizisten endgültig den Tschako ab, um ihre Köpfe im Bürgerkriegshelm verschwinden zu lassen.«

Auch wenn SDS-Genosse Christian Semler nach der Schlacht am Tegeler Weg eine »viel größere Kampfvielfalt« als zuvor diagnostizierte, hegten nicht wenige Zweifel, ob dieser Weg einer fast paramilitärischen Eskalation Erfolg versprechend sei, zumal die Sicherheitskräfte nun ihrerseits mit einer massiven Aufrüstung begannen. Die »Zweck-Mittel-Rationalität« stand zur Debatte, und die Frage der politischen Legitimation dieser gewalttätigen Konfrontation mit der Staatsmacht stellte sich weit über den Kreis der militanten Rebellen hinaus.

Dennoch wurde »Militanz« zu einem Schlüsselbegriff, wenn man will zu einer der Fluchtrouten aus der politischen Sackgasse, in der sich die Rebellion befand. Er suggerierte Radikalität und Entschlossenheit, ideologische Klarheit und konsequentes Handeln zumindest in den Augen jener, die nun von den ewigen Theoriedebatten genug hatten und den praktischen Kampf gegen den Staat aufnehmen wollten. Rudi schätzte diese Entwicklung, die er nur von außen beobachten konnte, sehr kritisch ein. Für ihn wie für mich und auch für viele andere war und blieb immer klar, dass eine von Hass getriebene Rebellion wohl kaum eine bessere, freiere und gerechtere Gesellschaft hervorbringen könnte.

Bis weit in die 70er-Jahre hinein galt die Haltung zu Militanz bei einigen als Ausweis dafür, wie ernst man es mit der Revolution meine. In bestimmten Kreisen wurde sie gar zu einem Fetisch erhoben, zum Selbstzweck, ja zum Heldenmythos einer vermeintlich eindeutigen moralischen Haltung, die keine Zweifel und keine Diskussion mehr zuließ. Bei der RAF steigerte sich der Kult der Gewalt bis zur Apotheose eines vermeintlichen Endkampfes: »Sieg oder Tod«. Wer nicht sein Leben aufs Spiel setzen wollte, war ein feiger Schwächling und Verräter. Wie und warum es zu dieser im wahrsten Sinne vernichtenden Entwicklung kam – ich verstehe es bis heute nicht. Die Auswirkungen der Nazizeit – im Persönlichen wie im Gesellschaftlichen – werden das Ihre dazu beigetragen haben. Immerhin gab es Menschen, die früh erkannt haben, dass sich eine entsetzliche Fehlentwicklung abzeichnete – darunter nicht nur Professoren wie Jürgen Habermas, dessen Kritik und Warnungen in Teilen ja durchaus berechtigt waren –, von der diagnostizierten »Scheinrevolution« hier einmal abgesehen.

Einen ganz anderen Weg nahmen jene, die nun an die Arbeit des Parteiaufbaus gingen, um den Weg zur Revolution zu ebnen. Punktgenau zu Silvester 1968/1969 gründete Ernst Aust, ein 1923 geborener Altkommunist, die KPD/ML (Marxisten-

Leninisten). Sie war der ideologische Antipode der neu gegründeten, moskauhörigen DKP. Und am 12. Januar 1969 hoben fünf ehemalige SDS-Mitglieder den MSB Spartakus aus der Taufe, der zur Studentenorganisation der DKP wurde. Dort war von Anfang an Linientreue Trumpf. Nicht einmal die öffentliche Selbstverbrennung des Prager Studenten Jan Palach vier Tage später änderte etwas an der Position des MSB Spartakus, den Einmarsch der Sowjettruppen in die ČSSR als heroische Rettungstat im Namen des real existierenden Sozialismus zu feiern.

Am 1. April schließlich erschien die Gründungserklärung des Sozialistischen Büros, eine Art Forum linker, aber weniger dogmatischer Intellektueller, und im Februar 1970 erstand die KPD/AO (»Aufbauorganisation«, von Spöttern »A-Null« genannt). Jürgen Horlemann und Christian Semler, eben noch SDS-Größen, waren die Führungskader dieser maoistisch orientierten Partei, deren offizielle Zeitung konsequenterweise *Rote Fahne* hieß.

Überall schossen nun Parteien und parteiähnliche Zusammenschlüsse wie Pilze aus dem Boden, deren Namen und Bedeutung nur absolute Szene-Insider kannten, so etwa eine Gruppierung namens PL/PI – »Proletarische Linke/Parteiinitiative«, die ihrerseits wieder aus mehreren Gruppen hervorgegangen war. 1972 folgte der »Kommunistische Arbeiterbund Deutschlands« (KABD), 1973 dann der »Kommunistische Bund« (KB) und der »Kommunistische Bund Westdeutschland« (KBW). »Der Dogmatismus räumte die Realität beiseite und baute die Bühne der Klassengesellschaft auf«, kommentierte damals ein Zeitgenosse den Parteigründungswahn, dem sich auch die Gründung der trotzkistischen »Gruppe Internationaler Marxisten« (GIM) verdankt.

Mit dieser Welle setzte nicht nur eine neue Rigidität ein, sondern auch die Abkehr von all dem, was sich seit 1966/1967 entwickelt hatte. Das Attribut »antiautoritär« wurde geächtet und zum Synonym für reaktionäre, intellektuell-elitäre Kleinbürgerlichkeit erklärt, die im unversöhnlichen Gegensatz zur Größe des Proletariats und seiner historischen Mission stehe. Viele schnitten sich die Haare ab, setzten Arbeitermützen auf und folgten dem »Heiratsbefehl« führender Parteigenossen. Die Botschaft: Wir sind Teil des Volkes, Fleisch vom Fleische der Arbeiterklasse. Frühes Aufstehen wurde schon deshalb Pflicht, weil das »Zentralorgan« der jeweiligen Partei – bei der KPD/ML war es nicht zufällig *Der Rote Morgen* – pünktlich zum Schichtbeginn an den Fabriktoren verteilt werden musste.

So wurden aus antiautoritären Rebellen autoritätshörige Parteisoldaten, die jeden ideologischen Schwenk ihrer Führung getreulich nachvollzogen – selbst in dem irren Augenblick, als KPD-Chef Aust zum kommunistischen Diktator Enver Hodscha nach Tirana fuhr und die sozialistische Volksrepublik Albanien, eine Art Nordkorea Europas, zum neuen Menschheitsparadies ausrief.

Zur gleichen Zeit gab es auch eine ganz andere Szene, die sich aus unserer Bewegung entwickelt hatte. Sie war nicht weniger radikal, allerdings das genaue Gegenteil einer straffen Parteiorganisation. Hier ließ man sich die Haare wachsen, trug schwarze Tücher um den Hals, die bei einer Demo blitzschnell übers

Gesicht gezogen werden konnten, und nahm statt Nassrasierer und Kölnisch Wasser Roten Libanesen und LSD.

Man traf sich beim »smoke-in«, hing bei experimenteller Live-Musik im Berliner »Zodiak« ab und saß im »Zentralrat der umherschweifenden Haschrebellen«. Der Name war halb bei Mao geklaut, der einen Aufsatz über die »Mentalität umherschweifender Rebellenhaufen« geschrieben hatte. Kurz, es war der »Blues«, eine Mischung aus Aussteigertum, Drogenszene und politischer Militanz, untermalt von der Musik der Doors und des Velvet Underground. Ihr »Organ« war die Zeitschrift *Agit 883*, die ab 1970 voll war mit Zeichnungen von Kalaschnikows, Bomben und Handgranaten – ein revolutionärer Comicstrip. Oft war nicht ganz klar, wo der Spaß aufhörte und der Ernst begann, halb Subkultur, halb illegaler Untergrund. Im Redaktionsstatut war immerhin festgehalten, dass die Mitglieder sowohl in Betriebs- und Stadtteilgruppen als auch in der »Stadtguerilla« aktiv sein sollten.

Auch hier war wieder Bommi Baumann mittendrin: »Wir haben denn auch Charming-Aktionen für die Bevölkerung gemacht, also sind rausgegangen und haben immer die Radarwagen umgekippt, die die Autos geblitzt haben. Da sind sie uns mit der Knarre hinterhergerannt, die Bullen.« Bald kam der dazu passende Slogan auf: »High sein, frei sein, Terror muss dabei sein!«

Die Mischung aus Mao und Bakunin, Che Guevara und Carlos Marighella war ohne die Rauchschwaden in den Wohngemeinschaften, die sich nun mehr und mehr zusammenfanden, gar nicht zu denken. Während die Kader der sogenannten

K-Gruppen sich frühmorgens auf den Weg zum Proletariat machten, träumten die anderen noch in halber Trance aus der letzten Nacht vom Paradies, das Rio Reiser mit seinen Ton Steine Scherben besang: »Keine Macht für niemand!«

Bei alldem war der Übergang vom marihuanasatten Blues zur terroristischen Untergrundaktion fließend. Während die einen sich mit dem VW-Bus auf die monatelange Reise nach Afghanistan machten, um den Stoff ihrer Träume höchstpersönlich zu besorgen, bildeten andere die erste Guerillagruppe. Sie nannten sich Tupamaros Westberlin – nach ihrem Vorbild, der Guerillabewegung Tupamaros in Uruguay. Altkommunarde Dieter Kunzelmann war ihr Spiritus Rector. Noch handelte es sich um Feierabendterroristen, die etwa einem *Quick*-Reporter, der angeblich bösartige Geschichten über Bombenbau bei den umherschweifenden Haschrebellen verbreitet hatte, zu Hause einen Besuch abstatteten, »die Möbel gerade rückten« und ihm »ein paar vor den Kopf hauten«. Bommi Baumann, einer der Täter, wurde gefasst und saß sein erstes Jahr im Gefängnis ab, dem noch etliche folgen sollten.

Ein wichtiger Ausgangspunkt dieser Phase des Übergangs von der Straßenmilitanz zum Untergrund war das »Knastcamp« im fränkischen Ebrach. Es fand im Sommer 1969 statt, zur selben Zeit, als Apollo 11 um den Mond kreiste und das legendäre Woodstock-Festival die Jugend der Welt in Bann zog. Motto: »Mit dem Joint in der Hand Revolution auf dem Land – stürmt das Gefängnis!« Anlass: In der örtlichen Strafanstalt saß ein junger Genosse, der zum »politischen Gefangenen« erklärt worden war. Viele Camp-Teilnehmer standen allerdings selbst mit einem Bein im Knast, weil zahlreiche Urteile aus den vergangenen Jahren rechtskräftig geworden waren.

Im Camp auf der grünen Wiese übernachtete auch eine Reihe von Leuten, die wenig später als Terroristen der Bewegung 2. Juni und der Roten Armee Fraktion auf den Fahndungsplakaten des Bundeskriminalamts auftauchten, unter ihnen Ina Siepmann, Dieter Kunzelmanns große neue Liebe, Brigitte Mohnhaupt, Irmgard Möller, Fritz Teufel, Rolf Heißler und Rolf Pohle. Für ein paar Stunden schauten auch Andreas Baader und Gudrun Ensslin vorbei, die zwischenzeitlich auf freiem Fuß waren, weil der Bundesgerichtshof noch nicht über die von ihrem Anwalt Otto Schily beantragte Revision und die Erlassung der Reststrafe entschieden hatte. Wenige Jahre später waren fast alle von ihnen im Gefängnis oder tot.

Doch das Knastcamp war erst der Anfang einer langen politischen Irrfahrt. Sie führte ein gutes Dutzend Camper unter Kunzelmanns Anleitung zunächst nach Mailand und Rom, wo sie unter anderem vom Filmregisseur Sergio Corbucci und Giangiacomo Feltrinelli Geld, Adressen und praktische Hilfe erhielten. Es passte zu Stimmung und Atmosphäre dieser eigenartigen Überlandpartie, dass noch gar nicht klar war, wohin die Reise eigentlich gehen sollte – zu den Erdbebenopfern von Gibellina auf Sizilien oder zu Obdachlosen in Süditalien. Nach einem abenteuerlichen Hin und Her und einer langen nächtlichen Diskussion entschied sich eine Fünfergruppe schließlich, zur palästinensischen Fatah zu fahren.

Am 22. September 1969 ging es im Ford Transit los – über Jugoslawien und Bulgarien in die Türkei. Doch an der Grenze wurde die revolutionäre Fahrgemeinschaft erst einmal angehalten. Zuerst mussten die langen Haare abgeschnitten werden. Ein Drama vor allem für den schönen Jüngling Georg von Rauch, dessen dunkle Mähne ziemlich spektakulär war. Dann konnte es weitergehen. »In Beirut haben wir Kontakt mit den Palästinensern aufgenommen«, berichtete Albert Fichter später. »Die Al-Fatah-Leute haben uns dann weitervermittelt. So sind wir nach Amman gelangt.« In einer der vielen Tuffsteinhöhlen in den jordanischen Bergen tauchte plötzlich PLO-Chef Jassir Arafat auf und schüttelte den deutschen Genossen die Hände.

Anschließend gab es eine einwöchige Schnellausbildung, die allerdings eher symbolisch-demonstrativen Charakter hatte. Kalaschnikows wurden auseinandergenommen und wieder zusammengebaut, Schießübungen veranstaltet, einfache Sprengsätze hergestellt. »Ganz primitive Sachen«, erinnert sich Fichter, »mit Isolierband und so, alles Sachen, die dann in Berlin auch zur Anwendung gekommen sind«. Lange dauerte es tatsächlich nicht, und wieder gab Kunzelmann die Richtung vor.

In der *Agit 883* schrieb er, in Palästina sei alles »sehr einfach«: »Der Feind ist deutlich. Unsere Aufgabe ist es, den Feind wieder sichtbar zu machen.« Wer der Feind war, wurde schnell klar. Am 9. November 1969, dem 31. Jahrestag der Nazipogrome gegen Juden in ganz Deutschland, deponierte Albert Fichter im Auftrag von Kunzelmann eine Bombe im Jüdischen Gemeindehaus in der Berliner Fasanenstraße – dort, wo einst die zweitgrößte Synagoge Berlins gestanden hatte. In der sogenannten »Reichskristallnacht« war sie bis auf die Grundmauern abgebrannt. 127 Juden wurden damals im ganzen Reichsgebiet getötet, 8000 jüdische Geschäfte verwüstet, unzählige jüdische Friedhöfe geschändet und 267 Synagogen zerstört.

Der Sprengsatz zündete glücklicherweise nicht. Daneben fand man ein Flugblatt, auf dem stand: »Schalom + Napalm. Schwarze Ratten TW – Tupamaros Westberlin.« Der Vorsitzende der Jüdischen Gemeinde und Holocaust-Überlebende, Heinz Galinski, erhielt per Post ein Tonband, auf dem eine weibliche Stimme unter anderem sagte: »Berlin dreht durch, die Linke stutzt. Springer, Senat und die Galinskis wollen uns ihren Judenknacks verkaufen. In das Geschäft steigen wir nicht ein. Wir wissen schon selbst, wo wir unsere Bomben hinlegen.« Es folgte eine ebenso wirre wie wahnhafte Kaskade von Beschimpfungen – und eine Prophezeiung: »Al-Fatah wird Europa in Brand stecken.«

Es war die erste Bombe der militanten linken Szene, der »Beginn der Guerilla in Deutschland«, wie Bommi Baumann zu Recht feststellte – und sie zielte auf Juden. Eine Ungeheuerlichkeit, die damals nur ein erstaunlich geringes Echo fand. Vielleicht lag es auch daran, dass die Täter nie ermittelt wurden und man einfach nicht glauben wollte, dass sie aus der radikalen Linken kommen könnten. Erst 38 Jahre später legte Fichter gegenüber einem Historiker seine schamvolle Beichte ab und bat die Jüdische Gemeinde für diese »üble Tat um Vergebung«. Eine staatsanwaltliche Anklage wegen des versuchten Sprengstoffattentats gab es nie. Wohl kein Zufall: Auch diese Bombe stammte vom Verfassungsschutzspitzel Peter Urbach. Bis heute bestreitet Dieter Kunzelmann, dessen politische Biografie mit dem Kampf der Subversiven Aktion gegen Heuchelei und bürgerliche Verlogenheit begann, jede Beteiligung an dieser Tat.

Ulrich Enzensberger urteilte im Jahr 2004 im historischen Abstand: »Die Täter waren in grotesker Selbstverblendung davon überzeugt, als Antiimperialisten und Antifaschisten gehandelt zu haben.« Doch ausgerechnet »an diesem Tag, zu dieser Gedenkstunde in eine jüdische Kultstätte in Berlin einen Brandsatz zu legen – das war lupenreiner Antisemitismus«. Ein dunkles Kapitel dieser Zeit, in der sich mancher Wahn austobte.

Schlimm genug, dass sich einige wenige davon anstecken ließen – genauso schlimm, besser gesagt, falsch wäre es, solche wahnsinnigen Taten und Aussagen von einigen wenigen auch nur im Ansatz als Pars pro Toto zu nehmen. Tatsächlich allerdings reichten diese wenigen Verblendeten, um massive verbale Angriffe gegen die 68er und ihren vermeintlichen Antisemitismus auszulösen. Dabei betrachtete der größte Teil der Bewegung das, was die Vätergeneration an Verbrechen an den Juden begangen hatte, unverändert als nicht wiedergutzumachende Schande und gleichzeitig als Aufforderung, alles zu tun, um eine Wiederholung solcher und ähnlicher Taten zu verhindern. Dass dieser wütende Antisemitismus letztlich sich selbst mit dem antizionistischen Kampf gegen die israelische Besetzung palästinensischer Gebiete verwechselte, machte die Diskussion in jeder Hinsicht diffizil. Und bis heute erschwert die Verwechslung einer legitimen Kritik ganz konkreter politischer Aspekte eines radikalen Zionismus mit einem verdeckten oder offenen Antisemitismus eine sachlich angemessene Diskussion.

In dem unvergleichlichen Tohuwabohu dieser Monate ging die Nachricht fast völlig unter, dass der einst ruhmreiche SDS am 21. März 1970 im Studentenhaus der Frankfurter Universität seine Selbstauflösung beschlossen hatte. Sein letzter »provisorischer« Vorsitzender Udo Knapp, Jahrzehnte später stellvertretender grüner Landrat auf Rügen, sagte, die »Erschöpfung der Studentenrevolte« dürfe nicht bloß »negativ« beschrieben werden. Sie müsse auch als »Prozess der Selbsterkenntnis« gesehen werden. Nun gehe es um die »Perspektiven des Klassenkampfes und der Organisation des Proletariats«.

Die Kommune 1, der andere magische Pol der Revolte, kämpfte derweil an mehreren Fronten. Der Generalbundesanwalt bat die Berliner Staatsanwaltschaft, die Ermittlungen in Sachen »Pudding-Attentat« wieder aufzunehmen. Daneben liefen andere Verfahren gegen Kunzelmann, Teufel, Langhans und andere wegen verschiedener Aktionen aus den Jahren 1967/1968, und jeder von ihnen machte intensiv Bekanntschaft mit der Gefängniszelle. Im März 1969 durchsuchten 50 Polizeibeamte die Fabriketage der Kommune 1 und fanden einen Sprengsatz, den höchstwahrscheinlich abermals der Verfassungsschutzagent Peter Urbach geliefert hatte. Die Bundesanwaltschaft, damals eigentlich nicht zuständig für Westberlin, beantragte Haftbefehl gegen Kunzelmann und Langhans, die in die Justizvollzugsanstalt Moabit gebracht wurden.

Dass sich die beiden – trotz des gemeinsamen äußeren Feindes draußen im Lande – nicht mehr grün waren, zeigt ein Brief von Langhans an den Kommune-Anwalt Horst Mahler, der auch die politischen Differenzen innerhalb des Projekts offenbarte:

»Mir leuchtet schon seit Längerem die politische Geschichte mit dem Bürgerkriegsgetue nur noch bedingt ein […]. Ich will jetzt keine 2 Jahre sitzen, als einsames Opfer.«

Dass er wie Kunzelmann schon nach wenigen Wochen wieder aus der Haft entlassen wurde, war ein kleines Wunder. Der Grund war recht einfach: Der Westberliner Verfassungsschutz wollte wohl seinen V-Mann Urbach nicht auffliegen lassen, zu dessen Aussage es im Verfahren unweigerlich hätte kommen müssen. Darüber hinaus gab es Probleme mit dem Alliierten-Status Berlins. All das änderte allerdings nichts am unaufhaltsamen Niedergang der Kommune 1, deren »letzte Periode«, wie Albert Fichter, der dabei war, später urteilte, »kaum noch politisch oder aktivistisch« war, »vielmehr inhaltslos und parasitär«: »Die Leute lagen apathisch auf dem Matratzenlager herum, wenn sie nicht gerade in einem Supermarkt oder in einer Modeboutique klauten. Wir standen mehr oder weniger ständig unter Drogen. In gewisser Weise waren wir überhaupt nicht präsent.«

Zu dieser Zeit hatten sich schon die meisten Kommune-Mitglieder der ersten Stunde, darunter Fritz Teufel, aus dem Staub gemacht. Die innere Dynamik der Gruppe, die die Kommune 1 – trotz und wegen all der Konflikte und Spannungen – zu einem Motor der Revolte gemacht hatte, war erloschen. Ulrich Enzensberger schildert in seinen Erinnerungen über *Die Jahre der Kommune 1* seine letzten Eindrücke: »Ich höre noch das Tackern von Rainers hölzernen Clogs auf den Dielen, das Klirren der vielen umgehängten Ketten. Jim Morrison sang ›Riders on the Storm‹.«

Selbst die illustrierte Presse, die so lange herrlichen Unterhaltungsstoff für den bürgerlichen Blick durchs Schlüsselloch geliefert hatte, verlor allmählich ihr Interesse an der Kommune 1. In seinem letzten großen Artikel – ausgerechnet am 9. November 1969 – schwadronierte der *Stern* in halbseidener Pseudopoesie über Uschi Obermaier: »Das lustbetonte Verhalten der zärtlichen Schwabingerin verwirrte das politische Bewusstsein der Kommunarden.« Damit war das große Projekt der Welt- und Selbstveränderung endgültig auf Boulevardniveau angekommen, und in der *Agit 883* erschien eine bitterböse, schwarz umrandete »Traueranzeige«, in der der »Hingang unseres lieben Genossen Rainer Langhans« gemeldet wurde.

Den Schlusspunkt setzte eine brutale Farce. Rocker aus dem Märkischen Viertel hatten von der hohen fünfstelligen Summe gehört, die der *Stern* für die Story angeblich gezahlt haben soll, und verlangten – ohne jeden Rechtstitel – ihren »fairen Anteil«. Sie stürmten die Fabriketage in der Moabiter Stephanstraße, verschonten die Frauen, verprügelten die Männer und warfen sie hinaus. »Die Einrichtung wurde zu Klump gehauen. Die Heizungskörper wurden herausgerissen. Alles ging zu Bruch«, berichtet Ulrich Enzensberger. »Uschi und Rainer flohen nach München. Antje rettete das Archiv mit all den vielen Briefen und brachte es in das Sozialistische Anwaltskollektiv, von wo aus es später in das Hamburger Institut für Sozialforschung wanderte. Die Kommune 1 war nicht mehr.«

So zerfiel die antiautoritäre Bewegung der 60er-Jahre, die mit viel Elan, Kreativität und Freiheitsdrang begonnen hatte, in ihre Einzelteile. Beileibe nicht alles war verloren, der Grundimpuls war immer noch zu spüren und hatte das Land schon verändert – doch nun glaubten allzu viele, ihre jeweiligen Spleens ausleben und sie zur selbstverständlich einzig wahren »Linie« erklären zu müssen – von den K-Gruppen zur RAF, von den erleuchteten Esoterikern mit Räucherstäbchen, den Nachtwandlern im Geiste, zu den Landkommunen, die das »authentische«, gerechte und solidarische Leben der Zukunft nun auf Weide und Ackerscholle suchten, manche auch zwischen italienischen, griechischen und portugiesischen Weinbergen.

Auch heute erscheint es immer noch erstaunlich, in welcher Geschwindigkeit sich der ideologische Rückgriff auf die 20er-Jahre vollzogen hat, in denen es noch ein starkes Proletariat und eine starke Kommunistische Partei gab und die revolutionären Parolen der »Internationale« vom »erkämpften Menschenrecht« noch nicht so abgenutzt und hohl klangen. Es handelte sich offensichtlich um eine paradoxe Flucht nach »vorn« zurück in die Vergangenheit, eine Art kollektive Übersprungshandlung, um sich den realen Konflikten und der Perspektive des möglichen Scheiterns in der Gegenwart nicht stellen zu müssen.

Peter Schneider resümierte diese Phase in seinem Buch *Rebellion und Wahn* so: »Die Bewegung verlor ihre Unschuld, ihren Charme und ihre Frechheit, als sie die aus verschiedenen Idiomen zusammengesetzte ›revolutionäre‹ Fremdsprache übernahm. Ihren besten und genauesten Ausdruck fand sie in den selbst gemachten provokativen Slogans des Anfangs: ›Unter den Talaren der Muff von tausend Jahren‹, ›Mein Papi möchte wieder Blockwart werden‹, ›Befreit die Eminenzen von ihren bürgerlichen Schwänzen‹; in den frühen Flugblättern der Kommune 1, in dem Protest gegen den Vietnamkrieg der USA und in der emotionalen Solidarität mit den Befreiungsbewegungen in der Dritten Welt. […] Die wichtigste Errungenschaft der 68er-Bewegung in Deutschland bleibt, dass sie massenhaft – und vielleicht für immer – mit der Kultur des Gehorsams gebrochen hat.«

Umso tragischer, dass in all den kommunistischen Gruppen und Sekten plötzlich wieder Gehorsam eingefordert wurde – gegenüber der Parteilinie und den »führenden Genossen«. Ein ziemlich verzweifelter Rebell aus Berlin schickte einen Brief an Rudi, in dem es hieß: »Die APO hat sich in ca. 12 Fraktionen gespalten: Du bist in London, Krahl ist tot, Meinhof, Mahler, Kunzelmann nach Arabien emigriert, Semler/Neitzke/ Horlemann spielen sich als Mini-Stalins auf? Was tun?«

Ja, was tun? Selbst Horst Mahler, der sich auf seinem Weg vom APO-Anwalt zum Untergrundkämpfer in atemberaubendem Tempo radikalisiert hatte, beklagte die völlig verfahrene Situation, bevor er in den Untergrund abtauchte: »Die hassvolle Atmosphäre ist entnervend. Die Genossen bringen sich alle zurzeit noch verbal gegenseitig um. Die schlimmsten Missverständnisse werden zum Ausgangspunkt immer neuer Fraktionierungen. Das Ganze bekommt mehr und mehr operettenhafte Züge.«

Dass Mahler selbst Teil dieses Irrsinns war, kam ihm offenbar nicht in den Sinn. Kein Wunder also, dass Rudi in dieser Zeit immer wieder Besuch von alten, Rat suchenden Freunden aus der SDS-Zeit bekam – auch von Mahler. Der aber wollte ihn vor allem davon überzeugen, ebenfalls den bewaffneten Kampf aufzunehmen – vergeblich.

»Wir hatten keine revolutionäre Situation, sondern nur eine Rebellionssituation«, bilanzierte Rudi 1971. »Einige von uns hatten die Illusion, dass es eine revolutionäre Situation war.« Heute darf man ehrlicherweise hinzufügen: Es waren ziemlich viele. Und nicht wenige unter ihnen imaginierten eine Art Rückkehr des Faschismus in der Bundesrepublik – Stichwort Notstandsgesetze –, gegen den nur, anders als 1932/1933, der aktive und bewaffnete Widerstand im Untergrund helfen könne.

Ein unhistorisches Zerrbild mit tragischen Folgen. Wer ein bisschen nachgedacht hätte, wäre womöglich auf die Frage gekommen, warum eine damals noch so starke Kommunistische Partei – unter Führung von Ernst Thälmann – nicht in der Lage gewesen war, den Widerstand gegen Hitler und seine NSDAP rechtzeitig und effektiv zu organisieren.

Der lange Weg zur
parlamentarischen Opposition

Als Rudi im Mai 1969 trotz aller Bedenken und Ängste zum
ersten Mal nach dem Attentat wieder in Berlin gewesen war,
beschrieb er seine Eindrücke von dieser schlechten »Operette«
mit einem fast klassischen, übungshalber in Englisch formulier-
ten Understatement: »A lot of groups and persons are going their
own way.« Doch auch er entdeckte nirgends eine »clear stra-
tegy«, eine aussichtsreiche Perspektive des weiteren Kampfes.

Immerhin zeigte Rudis gesundheitliche Entwicklung klare
Tendenzen an. Die Ärzte waren zufrieden mit dem erreichten
Zustand, sagten ihm aber auch, dass er sein Leben lang mit ge-
sundheitlichen Problemen zu kämpfen haben werde, darunter vor allem Panikattacken und epileptische Anfälle. »Doesn't
make anything«, spielte Rudi diese Prognose herunter, der nun
auch noch zum Englischschüler geworden war: »I will try all
what I can do.«

Und das tat er wirklich. Im Frühling 1970 wagte er seinen
ersten öffentlichen Auftritt seit Gründonnerstag 1968, vor einer
christlichen Jugendgemeinde in London. »Je näher der Termin
kam«, so hielt er in seinem Tagebuch fest, »desto nervöser und
zweifelnder wurde ich. Schließlich entschied ich mich, die
Pillen immer in der Hand, ich trat auf, entfaltete im Sprechen
Selbsttätigkeit, wurde freier, hörte mit der Ablesung eines auf-

geschriebenen Textes auf, sprach frei, entfaltete die Denkzellen. […] Das war ganz sicher ein wesentliches Moment von Entwicklung, die körperlichen Schranken zeigten sich in den nächsten Tagen, war einfach down.«

Immer wieder kam es zu epileptischen Anfällen. Kündigte sich einer an, dann rief Rudi laut und voller Angst nach mir. Ich konnte mich nie daran gewöhnen, jedes Mal krampfte sich mein Bauch zusammen. Bald litt ich selbst unter Angstattacken mit Herzklopfen und Gleichgewichtsstörungen. All das machte unser Alltagsleben noch unberechenbarer, als es – im nicht ganz freiwilligen und rechtlich wie finanziell stets prekären Exil – sowieso schon war. Aber wir mussten damit zurechtkommen.

Natürlich stellte sich die Frage, ob wir nach Deutschland zurückgehen sollten. Viele der alten Genossen in Berlin wollten das, weil sie darauf hofften, dass Rudi die zerstrittenen Fraktionen der Bewegung vielleicht doch noch auf einer gemeinsamen Grundlage zusammenbringen könnte, was unter den gegebenen Umständen eine Illusion war. Aber wir wollten nicht nach Deutschland zurückgehen. Rudis Freunde bedrängten ihn und machten mich verantwortlich für sein Zögern. Bernd Rabehl sprach allen Ernstes von der »demoralisierenden Funktion des Privatlebens«, das den wahren Revolutionär von seiner Arbeit abhalte und so in die Verzweiflung treibe. Das »Privatleben« war wieder einmal die Frau mit »ihren« Kindern.

Rudi hielt tapfer gegen diese Absurdität, auch wenn er mit seiner Situation alles andere als zufrieden war. Am 11. Mai 1970 notierte er in seinem Tagebuch: »Bin des Öfteren, nicht erst seit Kurzem, einfach fast vollständig unglücklich; alles geht voran, aber furchtbar langsam. […] Was geschieht mit mir? Wo bleibt der Revolutionär? Er absolviert eine schwierige Aufgabe, er versucht die Gleichheit zwischen Mann und Frau praktisch zu erproben!!«

Dass das keine leichte Aufgabe war, hatten ja schon die Reaktionen der männlichen SDS-Genossen auf die Aktionen des »Weiberrats« in Frankfurt gezeigt. Denn bei aller Neigung zu Rebellion und Revolution waren die linken Männer ihren viel kritisierten »reaktionären« Vätern in einer Hinsicht doch ähnlicher, als ihnen lieb war: Sie waren weitgehend eben auch Machos, die Frauen nur in bestimmten Augenblicken wirklich ernst nahmen. Zur Erinnerung: Es war dieselbe Zeit, als die erste weibliche Nachrichtensprecherin im deutschen Fernsehen eine Sensation war – fast so wie die Mondlandung.

Die Frauenbewegung, die sich ja erst im Lauf der 70er-Jahre auf breiter Basis entwickelte, erneuerte noch einmal den antiautoritären Impuls – diesmal gegen die patriarchalischen Strukturen der Gesellschaft, die lange vor dem Kapitalismus existierten und mit ihm im Grunde wenig zu tun hatten. Und natürlich war es eine neue Erfahrung gerade für linke Männer, dass sie plötzlich Gegenstand – und ja: in gewisser Weise Objekt – feministischer Kritik wurden. Denn eigentlich hatten sie sich immer als diejenigen verstanden, die gesellschaftliche und private Autoritäten attackierten. Nun waren sie selber Ziel der Kritik – jedenfalls im Verhältnis zu Frauen, auch zu jenen, die ihre Genossinnen und Kampfgefährtinnen waren.

Die sich formierende Frauenbewegung wurde schließlich produktiver Kontrapunkt zum ideologischen Dogmatismus der

K-Gruppen, mehr noch: Sie war die Rettung der Protestbewegung vor ihrer endgültigen Erstarrung. Durch die zahllosen Frauenprojekte, Frauenzentren, Frauenbildungseinrichtungen, Gesundheitszentren und Cafés, Buchhandlungen, Filmprojekte, durch neue pädagogische Konzepte in Ausbildung und Beruf – die Gründung von antiautoritären Kinderläden nur als ein Beispiel –, durch den massenhaft unterstützten Protest gegen den Abtreibungsparagrafen 218, durch Selbsthilfegruppen und Frauenhäuser für Opfer von Gewalt, durch die öffentlich gemachte Forderung nach Gleichstellung der Frauen blieb ein wichtiger, auf Veränderung zielender Impuls in der Gesellschaft lebendig. Was hier stattfand, war tatsächlich eine Revolutionierung der Kultur und Lebensweise, die in immer breiter werdende gesellschaftliche Kreise hineinreichte.

Begleitet wurde diese Bewegung von einem regelrechten Feuerwerk an Publikationen, in denen sich die Frauenperspektive ab 1970 mit aller Macht Bahn brach. Die Reflexion über Notwendigkeit und Ziel der Frauenbefreiung fand in allen nur denkbaren Formen und in alle Richtungen statt. Als prominentestes Beispiel Alice Schwarzer und ihr Buch *Der kleine Unterschied und seine großen Folgen* aus dem Jahr 1975 – der erste deutsche feministische Bestseller mit einer Darstellung der Mechanismen, die als »patriarchalisches Prinzip« die Unterdrückung und die Benachteiligung der Frau zu einem grundlegenden Muster in allen gesellschaftlichen Lebensbereichen machen.

Die Frauenliteratur etablierte sich als Genre der Neuen Frauenbewegung mit Romanen wie *Frauen* von Marylin French, *Das goldene Notizbuch* von Doris Lessing, *Häutungen* von Verena Stefan oder auch der Autobiografie von Anja Meulenbelt mit dem programmatischen Titel *Die Scham ist vorbei.* Zwei feministische Zeitschriften wurden gegründet: zum einen 1976 von Sibylle Plogstedt, Sabine Zurmühl und Barbara Duden die *Courage* als Stimme der autonomen, links-feministischen Szene. Zum anderen 1977 von Alice Schwarzer *Emma* als feministische Publikumszeitschrift.

Ich selbst machte mich, als wir von London nach Cambridge gegangen waren, sofort auf die Suche nach einer neuen Frauengruppe, in der ich die Arbeit, die ich in London begonnen hatte, fortsetzen konnte. Weil sich keine bestehende Gruppe fand, lud ich ein paar Frauen, die ich schon kennengelernt hatte, zu einem ersten Treffen ein. Rudi war in dieser Zeit sehr nervös und hatte Angst, alleine zu sein. Deshalb tagten wir in unserer Wohnung, die jedoch schnell zu klein wurde für den überraschend großen Andrang. Wir begannen einen ausführlichen Fragebogen für Frauen zu entwickeln, der Auskunft über ihre Lebensrealität, ihre Probleme und Wünsche geben sollte.

In Cambridge, wo Rudi an der Universität seine Doktorarbeit schreiben wollte, begann insgesamt ein neues Kapitel für uns. Nach einigen Prüfungen – zu denen auch ein langer Essay in englischer Sprache gehörte, den wir in deutsch-amerikanischer Gemeinschaftsarbeit zustande gebracht hatten – erhielt er die Zulassung, und so zogen wir in »Clare Hall« ein, eine gediegene Unterkunft auf dem Campus, in der auch die Familien von Doktoranden wohnen konnten. Für uns war es ein Paradies – mit winziger privater Küche, dafür einem großen Speisesaal, der unter der Regie eines hervorragenden französischen Kochs stand.

Leider währte die akademische Idylle in Cambridge nur ein paar Monate. Das britische Innenministerium teilte uns schriftlich mit, dass unsere Visa nicht verlängert würden und wir England binnen eines Monats verlassen müssten. Der einzige Grund dafür war Rudis politische Vergangenheit, die für die Gegenwart und damit für die Sicherheit Großbritanniens als gefährlich eingestuft wurde. Ein Witz, aber wahr.

Viele Prominente setzten sich für uns ein. Ganz besonders in Erinnerung geblieben ist mir ein Brief von Professor Richard Löwenthal, eigentlich ein universitärer Antipode der 68er, Mitglied im eher konservativen Bund Freiheit der Wissenschaft, mit dem viele SDS-Genossen nicht gerade pfleglich umgegangen waren. Er schrieb an die britischen Behörden, dass er Rudi Dutschke »als hervorragenden politischen Gegner« kenne und sich wünsche, dass es »mehr politische Gegner von solcher Ehrlichkeit und menschlicher Integrität« gebe. Er verbürge sich für ihn.

Sogar Bundespräsident Gustav Heinemann legte ein gutes Wort für uns ein, doch trotz aller juristischen und politischen Proteste stand Rudi vom 17. bis zum 22. Dezember 1970 freiwillig vor einem britischen Tribunal, das zum Teil »geheim« tagte. Dort wurde offenbar darüber gesprochen, dass Rudi zwar für den Moment keine Gefahr für das Land darstelle, irgendwann in Zukunft aber vielleicht doch zu einer werden könne. Es war ein ziemlich absurdes Spektakel, ein bizarres Happening in Anwesenheit des aristokratischen Anklägers Sir Peter Rawlings.

Als Zeugen für Rudi sagten vor Gericht sogar der ehemalige Regierende Bürgermeister von Berlin, Heinrich Albertz, und unser Freund Professor Helmut Gollwitzer aus. Doch das änderte nichts am Urteil, das politisch schon gefällt war – von Innenminister »mad« Maudling.

Am 8. Januar 1971 entschied das Tribunal, dass wir England binnen vier Wochen verlassen müssten. Wir feierten noch ein großes Abschiedsfest mit allen, die wir in den zwei Jahren in England kennengelernt hatten, dann packten wir wieder einmal die Koffer und schifften uns nach Dänemark ein. Dort hatte die Universität von Aarhus Rudi einen Lehrauftrag angeboten. Schweiz, Italien, England, Dänemark – auf unserer Reise quer durch Europa waren wir nun im Norden angekommen. Deutschland war immerhin näher gerückt – nur noch ein paar Autostunden entfernt.

Dort war inzwischen der zur Nazizeit nach Norwegen geflüchtete Emigrant Willy Brandt zum ersten sozialdemokratischen Bundeskanzler seit Kriegsende gewählt worden. Der letzte deutsche Kanzler aus den Reihen der SPD war Hermann Müller gewesen, der in der politisch zerrissenen Weimarer Republik zwei Jahre als Regierungschef amtierte – von 1928 bis 1930. Die zentrale Botschaft in Brandts Regierungserklärung umfasste fünf Worte: »Wir wollen mehr Demokratie wagen.« Sie waren gewiss ernst gemeint, und ebenso gewiss war diese programmatische Ankündigung eine Folge der Protestbewegung, deren Grundmotive sich mehr und mehr in der veränderten gesellschaftlichen Realität bemerkbar machten.

Als eine der ersten Maßnahmen erließ die neue sozialliberale Bundesregierung eine begrenzte Amnestie für »Demonstrationsstraftäter«. Sie betraf allerdings nur Strafen bis zu neun Monaten Haft. Weit über 1000 Strafverfahren waren 1970 anhängig, und so war Brandts Entscheidung auch ein Zeichen der Versöhnung mit der Protestgeneration gewesen. Nicht zufällig traten in den folgenden Jahren viele ehemalige Rebellen in die SPD ein. Erst zehn Jahre später allerdings formierten sich die Grünen als Partei all jener, die den außerparlamentarischen Protest in die Institutionen der repräsentativen Demokratie tragen wollten.

Doch Willy Brandts Versuch einer gesellschaftlichen Integration der Revolte war nur ein Teilerfolg beschieden. Für viele ging der Kampf jetzt erst richtig los. Fritz Teufel, der inzwischen nach München gezogen war, meldete sich im Interview mit der Münchner *Abendzeitung* halbamtlich in den Untergrund ab: »Der Clown ist tot«, verkündete er. »Jetzt muss es krachen, diese Gesellschaft muss zerbrechen.«

Davon waren immer noch viele überzeugt, auch wenn ihnen nicht ganz klar war, wie das gelingen sollte. Auch von konkreten Vorstellungen, wie die ganz andere Gesellschaft, die man anstrebte, eigentlich aussehen sollte, war kaum noch die Rede. Schon gar nicht davon, welche ökonomischen Prinzipien jenseits des Kapitalismus denn gelten sollten, vor allem: wie genau eine sozialistische Wirtschaft für Hunderte von Millionen Menschen funktionieren würde – ohne in einer zentralistischen Planwirtschaft zu landen, deren verheerende Resultate man im gesamten Ostblock ja schon lange besichtigen konnte.

Andreas Baader dürften diese Fragen nicht allzu sehr umgetrieben haben. Der einstige Westentaschen-Dandy aus München, der mit seinem weißen Mercedes 220 SE durch die Gegend kurvte und gerne mal ein machohaftes »Ficken ist wie schießen« fallen ließ, musste erst einmal raus aus Deutschland. Am 10. November 1969 verwarf der Bundesgerichtshof die Revisionsanträge der vier Kaufhausbrandstifter als »unbegründet«, womit die dreijährige Zuchthausstrafe rechtskräftig wurde. Zwei Tage später, als die BGH-Entscheidung öffentlich wurde, standen Andreas Baader und Gudrun Ensslin noch auf dem Bürgersteig vor dem Frankfurter Jugendamt – unmittelbar nach einer Pressekonferenz, auf der es um selbstbestimmte Wohnkollektive ging. Intensiv redeten die beiden mit einer Frau, die ihnen offenbar gut bekannt war: Ulrike Meinhof. In den Monaten zuvor hatten sich die drei um entlaufene Heimzöglinge, die sogenannten »Staffelberger«, gekümmert.

Am übernächsten Tag starteten Baader und Ensslin gemeinsam mit ihrem Kompagnon Thorwald Proll aus einer Tiefgarage in der Frankfurter Innenstadt heraus ihre Flucht nach Frankreich. Während Otto Schily beim hessischen Innenminister einen letzten Versuch unternahm und auf dem Weg eines »besonderen Gnadenerweises« um Erlassung der Reststrafe bat, genossen die drei Paris.

In Deutschland hatte niemand etwas von ihrer Flucht bemerkt. Es gab also auch keinerlei Fahndung. Sicherheitshalber hatten sie Haarlänge und Haarfarbe so verändert, dass sie recht ungezwungen in Bistros gehen und über den Flohmarkt an der Porte de Clignancourt flanieren konnten. Sie gingen ins Kino, übten sich an der Schießbude und kauften sich schicke Leder-jacken.

In einem Café schoss Astrid Proll, Thorwalds Schwester, dann jenes Foto, das rasch seine ikonografische Wucht quer durch die vergangenen Jahrzehnte entfaltete: Baader und Ensslin als romantisches Liebespaar, das ungeheuer lässig das Savoir-vivre feiert – mit kleinen weißen Tassen und Gauloises-Ziga-retten, dazwischen das kleine Ricard-Werbeschildchen, das Lust auf den nächsten Pastis machen soll. Ein Hauch von Bonny und Clyde, Zärtlichkeit und Kampfeswille. Eine konkrete Utopie des glücklichen Augenblicks. Doch die nächste Entscheidung stand schon an.

Nachdem nämlich in Paris das Pflaster doch ein bisschen heiß geworden war, machten sich Baader und Ensslin auf die Reise nach Italien. Nach einem Zwischenstopp im Haus von Hans Werner Henze – er war damals eine Art Relaisstation für durchreisende Revolutionäre – fuhr man im weißen Mercedes weiter nach Neapel und Sorrent, schließlich an den südlichs-ten Punkt auf Sizilien. Astrid Proll, die anstelle ihres Bruders mitgefahren war, erinnerte sich: »Wir langweilten uns zu Tode und erfanden die RAF.«

Ob diese Interpretation nun wahr oder falsch ist, überzeich-net oder realistisch: Viele Legenden ranken sich um diesen his-torischen Moment. Sicher ist dagegen, dass die revolutionäre Reisegruppe im Januar 1970 noch einmal in Rom war und dort Horst Mahler traf. Er brachte ein paar Geldbündel aus Deutsch-land mit, Spenden von linken Kulturschaffenden. »Horst, du wirst auch einmal die Robe ausziehen und mit der Maschinenpistole argumentieren«, hatte Gudrun Ensslin ihrem Anwalt während des Prozesses wegen der Kaufhausbrandstiftung prophezeit. Nun war es so weit.

Am 5. Februar 1970 ist die Alternative glasklar: Knast oder Untergrund. Das Gnadengesuch ist abgelehnt, also Untergrund, Illegalität, bewaffneter Kampf.

Ein paar Wochen darauf tauchte schon wieder der schier allgegenwärtige Verfassungsschutzspitzel Peter Urbach auf und erzählte von einem angeblich geheimen Versteck auf einem Friedhof in Buckow, wo Pistolen aus alten Wehrmachtsbeständen vergraben sein sollten. Es war eine Falle. Auf dem Rückweg von den nächtlichen Grabungsarbeiten – natürlich hatte man nichts gefunden – geriet Baader in eine Verkehrskontrolle. Weil er die Daten seiner gefälschten Ausweispapiere, die vom Schriftsteller Peter O. Chotjewitz stammten, nicht exakt auswendig kannte – auf Nachfrage waren ihm Anzahl und Namen »seiner Kinder« nicht geläufig –, wurde er mit aufs Revier genommen.

Umgehend wurde über die Befreiung des inhaftierten Kampfgenossen diskutiert. Am 14. Mai ging es los. Unter allerlei Vorwänden war es Baader gelungen, in das Deutsche Zentralinstitut für soziale Fragen in Berlin-Dahlem ausgeführt zu werden, wo er mit seiner »Co-Autorin« Ulrike Meinhof Material für ein geplantes Buch zur Lage »randständiger Jugendlicher« sichten wollte. In Handschellen traf Baader um Viertel vor zehn im Lesesaal des Instituts ein. Ulrike Meinhof wartete schon auf ihn. Die Handschellen wurden abgenommen, Bücher herbeigeschleppt. Man rauchte, redete, flüsterte zuweilen Unverständliches. Die Luft war ziemlich dick, ein Fenster wurde geöffnet.

Die beiden Justizbeamten ließen sich derweil von Ulrike Meinhofs nettem Small Talk ein wenig ablenken.

Gegen elf Uhr trafen, wie verabredet, zwei junge Frauen ein. Beide trugen Perücken. Durch die geöffnete Eingangstür drangen zwei weitere Personen ein, die Masken trugen, darunter wohl Gudrun Ensslin. Der männliche Maskenträger richtete die Pistole unmittelbar auf den 62-jährigen Institutsmitarbeiter Georg Linke. Als er zu fliehen versuchte, traf ihn die Kugel aus 75 Zentimetern Entfernung. Linke schleppte sich schwer verletzt in sein Arbeitszimmer. In diesem Augenblick zogen auch die beiden jungen Frauen ihre Waffen.

Zwei Schüsse peitschten über die Köpfe der Anwesenden hinweg, eine wilde Prügelei begann. Im Durcheinander gelang es Andreas Baader und seinen Befreierinnen, durchs offene Fenster im Erdgeschoß zu fliehen. Auch Ulrike Meinhof, die sich nach außen hin immer noch als Unbeteiligte hätte geben können, entschloss sich zur Flucht. Es war ihr Sprung in den Untergrund des bewaffneten Kampfes, und es war zugleich die erste große »Aktion«, der Gründungsakt der »Roten Armee Fraktion«. Draußen wartete schon der Fluchtwagen, ein Alfa Romeo Giulia Sprint. Wenig später hingen bundesweit die Fahndungsplakate mit dem Konterfei jener Frau an den Wänden, die von der gefeierten *Konkret*-Kolumnistin zur gejagten RAF-Terroristin geworden war: »Mordversuch in Berlin. 10 000 DM Belohnung.«

Drei Tage nach der Baader-Befreiung erreichte die deutsche Presseagentur dpa folgende Erklärung: »Glaubten die Schweine wirklich, wir würden den Genossen Baader zwei oder drei Jahre sitzen lassen? […] Glaubte irgendein Schwein wirklich, wir würden von der Entfaltung der Klassenkämpfe, der Reorganisation des Proletariats reden, ohne uns gleichzeitig zu bewaffnen? Glaubten die Schweine, die zuerst geschossen haben, wir würden uns gewaltlos wie Schlachtvieh abknallen lassen? Wer sich nicht wehrt, stirbt. […] Mit dem bewaffneten Widerstand beginnen! Die Rote Armee aufbauen!«

In der *Agit 883* wurde die ausführliche Version nachgedruckt, die wohl auch von Ulrike Meinhof stammte. Das war keine fein ziselierte, wenn auch polemische Journalistenprosa mehr, sondern der Kasernenhofton einer selbst ernannten Revolutionsgarde, die sich zum Richter über alle anderen aufschwingt: »Die Baader-Befreiungsaktion haben wir nicht den intellektuellen Schwätzern, den Hosenscheißern, den Alles-besser-Wissern zu erklären, sondern den potenziell revolutionären Teilen des Volkes.« Im Gespräch mit der französischen Journalistin Michèle Ray ergänzte sie: »Bullen sind Schweine. Der Typ in Uniform ist ein Schwein, das ist kein Mensch. Das heißt, wir haben nicht mit ihm zu reden. […] Und natürlich kann geschossen werden.« Eine Kriegserklärung.

In den Jahren darauf folgten viele Kommandoerklärungen in einer Sprache, die mit politischer Auseinandersetzung und offener Diskussion nichts mehr zu tun hatte – Hunderte Seiten über »Die Rote Armee aufbauen!«, das »Konzept Stadtguerilla« und unzählige Erklärungs- und Legitimationstraktate, die all die Bombenanschläge auf US-Einrichtungen, Banküberfälle, Entführungen und kaltblütigen Morde rechtfertigen sollten. Im Laufe der Jahre wurden die Verlautbarungen der RAF immer konfuser und unverständlicher – doch nicht etwa, weil das Abstraktionsniveau ihrer Gedanken eine geistige Herausforderung dargestellt hätte, sondern weil sie ein Spiegel der intellektuellen wie moralischen Verwirrtheit, ja Verkommenheit der Guerillas waren, die selbst nicht mehr zu wissen schienen, was sie taten.

Gerade aus heutiger Sicht mag unverständlich erscheinen, wie lange ein durchaus beachtlicher Teil der 68er-Linken gebraucht hat, um sich von diesem »Todestrip« (Joschka Fischer) klar und eindeutig zu distanzieren. Neben vielen anderen Motiven, darunter der gefürchtete Vorwurf, sich »unsolidarisch« zu verhalten, ein »Schwächling« oder gar ein »Feigling« zu sein, spielte die Angst eine große Rolle, mit einer scharfen Kritik an der RAF jenes bürgerlich-kapitalistische »System« und seinen Staat zu rechtfertigen, das sie bekämpfte, und damit gleichsam »auf die andere Seite der Barrikade« zu wechseln. Jahrelang, zumindest bis zum mörderischen »Deutschen Herbst« 1977, ist es der RAF und ihren Helfern groteskerweise immer wieder gelungen, sich zu einer moralischen Instanz zu erheben, die das Zertifikat für den wahren Revolutionär ausstellte oder, anderenfalls, »Verräter« als »Freunde des Feindes« brandmarkte.

Heute ist kaum noch vorstellbar, wie wirksam dieses perfide Spiel war – ein ständiger Appell an das schlechte Gewissen der Genossinnen und Genossen »draußen«, sich nicht entschlossen und ja, radikal genug für die Genossen »drinnen«, im Knast einzusetzen. Kein Zufall, dass diese Form moralischer Erpressung, Stichwort Isolationsfolter, in den wochenlangen Hungerstreiks von RAF-Gefangenen kulminierte. »Sieg oder

Tod, Mensch oder Schwein« – das war, in den Worten des 1974 am Ende eines Hungerstreiks gestorbenen Holger Meins, die einzige Alternative.

Der Hannoveraner Psychologieprofessor Peter Brückner, ein feinsinniger linker jüdischer Bildungsbürger, dessen Autobiografie nicht zufällig den Titel *Das Abseits als sicherer Ort* trug, nannte das einmal einen »Heroismus«, der im »guten Willen zum Selbstuntergang« gründe. Astrid Proll, die sich nach Flucht und Haft früh von der RAF gelöst hat, sprach später einmal von der »Selbstanmaßung einer ganzen Generation«, und tatsächlich sind Ulrike Meinhofs Sätze Ausweis einer Arroganz, Brutalität und Borniertheit, die mit den Anfängen der Revolte in den 60er-Jahren nichts mehr zu tun hatten.

Zum Glück gab es in den 70er-Jahren nicht nur die RAF und die aus dem Berliner Blues der umherschweifenden Haschrebellen ebenfalls in den terroristischen Untergrund abgedriftete Bewegung 2. Juni, nicht nur dogmatische Mao-Sekten und pseudoproletarische Betriebskader im Blaumann – es gab außer der stark werdenden Frauenbewegung auch die Entwicklung eines spontaneistisch-linksalternativen Milieus, das sich als konkreter Gegenentwurf zur existierenden kapitalistischen Gesellschaft verstand.

Auch die sogenannten »Spontis« versuchten an die antiautoritären Anfänge der Revolte anzuknüpfen und grenzten sich scharf von den Marxisten-Leninisten der Kaderparteien ab. Letztlich waren auch sie ein Zerfallsprodukt der 68er-Bewegung, aber sie nahmen ihr vorläufiges Ende nicht zum Anlass, Gespenster der Vergangenheit zu reanimieren oder sich in einen Potemkin'schen Bürgerkrieg hineinzufantasieren, sondern suchten weiter nach einem anderen Leben, dessen Glücksversprechen nicht erst hinterm Horizont eingelöst werden konnte.

Der entscheidende Unterschied war, dass die »Revolution«, die auch in dieser Szene noch jahrelang als »konkrete Utopie« galt, nicht als bloße Zukunftsmusik verstanden wurde, sondern im Hier und Jetzt ihre Wirkung entfalten sollte, wenn auch in überschaubaren Schritten. »Überschaubar« war überhaupt ein Leitmotiv, denn die Erfahrungen gegen Ende der Revolte hatten vor allem gezeigt, dass die abstrakten Begriffe, mit denen wir die Verhältnisse analysierten, allzu oft in der Luft hingen, ohne ausreichende Anbindung an das reale Leben. Also ging es, nach dem Vorbild der Frauen, ab sofort auch um die eigenen Lebensverhältnisse. Maxime: »Auch das Private ist politisch.«

Diese Art »Politik in der ersten Person« war nicht zuletzt eine Antwort auf die Stellvertreterpolitik jener kommunistischen Avantgarden, die sich nun in all den Zentralkomitees versammelt hatten, um das Proletariat in eine lichte Zukunft zu führen. Die ewige Debatte über Theorie und Praxis hatte sich schon länger im Kreise gedreht. Wohin die maßlose Steigerung falscher, ideologisch versteinerter Abstraktion führt, zeigten ja gerade die maoistischen Sekten und die terroristische RAF. In der Sponti- und Alternativszene, die sich ab 1973 in vielen Städten entwickelte, mischte sich politische Militanz mit einem lebenskulturellen Drang nach Autonomie, die notwendige Veränderungen auch als Herausforderung zur Selbstveränderung im »Hier und Jetzt« begriff. Gewiss, die negativen Erfahrungen der Kommune 1 – exzessive Selbstentblößung und systematischer

Psychoterror – hatten schon die Grenzen aufgezeigt. Man konnte aber aus ihnen lernen.

Dazu kamen neue Faktoren wie die Frauen-, Ökologie-, Friedens- und Antiatomkraftbewegung, aber auch Hausbesetzungen und die Kinderladenbewegung, die ganz andere Perspektiven der Veränderung eröffneten. Gegen Ende der 70er-Jahre, so schätzt der Historiker Sven Reichardt in seiner großen Studie *Authentizität und Gemeinschaft*, umfasste das »linksalternative« Milieu in Westdeutschland zwischen 300 000 und 600 000 Menschen. Dazu kamen noch gut fünf Millionen »Sympathisanten«. Schon diese Zahlen zeigen, wie sehr die unterschiedlichsten Impulse der 68er-Rebellion bereits in die Gesellschaft hineingewirkt hatten.

Das, was die Soziologie Milieus, Lebensstile, Szene und Alternativ- bzw. Subkultur nennt, deutete längst auf Veränderungen hin, die mit dem marxistischen Klassenbegriff jedenfalls nicht mehr zu fassen waren. Joschka Fischer, Anfang der 70er »Innenkader« der Spontigruppe Revolutionärer Kampf und Mitglied der militanten »Putzgruppe«, die für den Straßenkampf mit der Polizei trainierte, hat das Erfolgsgeheimnis dieser radikal gegenkulturellen Szene, die sich gern englisch »Scene« nannte, später so beschrieben: »Jenseits der revolutionären Ideologie haben sich Lebenszusammenhänge, hat sich so was wie ein Dorf herausgebildet. […] Das verbindet – für ein ganzes Leben, wie ich mittlerweile feststellen muss.«

Ex-SDSler Tilman Fichter hat das »gallische Dorf« 1977 nicht ohne Ironie so beschrieben: »Der Durchschnitts-Stadtteilindianer wacht in der Wohngemeinschaft auf, kauft sich die Brötchen in der Stadtteilbäckerei um die Ecke, dazu sein Müsli aus einem makrobiotischen Tante-Emma-Laden, liest zum Frühstück *Pflasterstrand, Info-BUG, Zitty*, geht – falls er nicht Zerowork-Anhänger ist – zur Arbeit in einem selbst organisierten Kleinbetrieb oder in ein Alternativprojekt, alle fünf Tage hat er Aufsicht in einem Kinderladen, seine Ente lässt er in einer linken Autoreparaturwerkstatt zusammenflicken, abends sieht er sich *Casablanca* im Off-Kino an, danach ist er in der Teestube, einer linken Kneipe oder im Musikschuppen zu finden, seine Bettlektüre stammt aus dem Buchladenkollektiv.«

Nicht wenige Kritiker wollten in diesem Bild schon eine Art linkes Biedermeier erkennen, ein hübsches Getto von Gleichgesinnten, das sich nur auf andere Weise als K-Gruppen und RAF von der normalen Bevölkerung abschottete. Eine Bestätigung für diese These konnte, wer wollte, in dem Aufruf zum großen »Tunix«-Kongress Anfang 1978 in Berlin finden, der Tausende aus der ganzen Republik anzog. Genau zehn Jahre nach dem Vietnamkongress, der noch die Weltrevolution im Blick hatte, ging es den Rebellen jetzt deutlich mehr um die eigene Lebenswelt, um den »subjektiven Faktor«, von dem damals viel die Rede war:

»Uns langt's jetzt hier! Der Winter ist uns zu trist, der Frühling zu verseucht, und im Sommer ersticken wir hier. Uns stinkt schon lange der Mief aus den Amtsstuben, den Reaktoren und Fabriken, von den Stadtautobahnen. Die Maulkörbe schmecken uns nicht mehr und auch nicht mehr die plastikverschnürte Wurst. Das Bier ist uns zu schal und auch die spießige Moral. Wir woll'n nicht mehr immer dieselbe Arbeit tun, immer die gleichen Gesichter zieh'n. Sie haben uns genug kommandiert, die Gedanken kontrolliert, die Ideen, die Wohnung, die Pässe, die Fresse poliert. Wir lassen uns nicht mehr einmachen und kleinmachen und gleichmachen. [...] Wir hauen alle ab! Zum Strand von Tunix!«

Diese Aussteigerutopie einer anderen, gerechten und freien Gesellschaft, in der jeder in der Lage sein würde, sich selbst zu verwirklichen, ohne auf Kosten anderer zu leben, nahm noch einmal die Metapher des Pariser Mai 68 vom Strand auf, der unter dem Pflaster liege. Allerdings roch es eher nach Meer, Rotwein und Kiffen unter Palmen als nach dem Pulverdampf des Straßenkampfes, eher nach Charles Trenets Chanson »La Mer« als nach »Avanti popolo, Bandiera rossa« und »Comandante Che Guevara«.

Auch wenn Aarhus in Dänemark nun unser neues Zuhause geworden war, nahm Rudi mehr und mehr an den politischen Auseinandersetzungen in Deutschland teil. Schon im Sommer 1972 reiste er kreuz und quer durch die Republik und besuchte alte Kampfgefährten aus besseren Tagen. In der Presse kamen immer wieder Gerüchte auf, er wolle eine neue sozialistische Partei gründen. Vorrangig war ihm tatsächlich der Kampf gegen all die politische Sektiererei der unzähligen Gruppen und Grüppchen, die jeweils die Wahrheit für sich gepachtet zu haben glaubten und damit eine gemeinsame Bewegung unmöglich machten.

Als theoretischen Beitrag zu einer reflektierten Verständigung begriff er seine Doktorarbeit, die nach vielerlei Mühen und Verzögerungen 1974 im Wagenbach Verlag unter dem Titel

Versuch, Lenin auf die Füße zu stellen erschien – eine kritische und harte Auseinandersetzung mit Lenin, die auf eine klare Absage an die, wie er es nannte, »allgemeine Staatssklaverei« der Sowjetunion hinauslief.

Auf seinen vielen Reisen, Lesungen, Vorträgen und Diskussionsveranstaltungen in Deutschland und von Holland bis Italien, von der DDR bis nach Frankreich erfuhr er dafür harte, teils unversöhnliche Kritik. Meist waren es maoistische oder orthodox-moskautreue Dogmatiker, die ihm Reformismus und andere ideologische Abweichungen vorwarfen. So bewegte er sich in einer komplett zerklüfteten politischen Landschaft, die ganz anders war als noch 1968.

Allein schon der Versuch einer offenen Diskussion über die fundamentale Kritik am sowjetischen Kommunismus, die Alexander Solschenizyn mit seinem epochalen Werk *Der Archipel Gulag* formuliert hatte, trug ihm Hass und Häme ein. Das Gleiche gilt für seine Überzeugung, dass die deutsche Teilung in West und Ost, Bundesrepublik und DDR, nicht der letzte Schluss der Geschichte war. Für viele war er damit schon ein Nationalist.

All das verstärkte zeitweise seine physischen wie psychischen Ausfallerscheinungen, zu denen paranoische Schübe und ein Nervenzusammenbruch gehörten. Doch sein starker Wille, dem bejammernswerten Zustand der einstigen »Neuen Linken« nicht tatenlos zuzuschauen, ließ ihn immer wieder aufstehen. Seine politische Neugier hatte er behalten, und so ließ er sich vom Liedermacher und Ökoaktivisten Walter Mossmann in Freiburg über die aufkeimende Antiatomkraftbewegung informieren – ein für ihn wie für die ganze Linke bislang fremdes Terrain. Er war in Wyhl und Brokdorf, dort, wo die härtesten Kämpfe gegen eine Technologie ausgefochten wurden, deren Risiken und Gefahren von offizieller Seite systematisch heruntergespielt worden waren.

Während sich die ehemalige Neue Linke von 68 in den verschiedenen sektiererischen Organisationen verschanzte und vorwiegend mit sich selbst beschäftigte, entwickelte sich ein neuer Schwerpunkt des Protests, den die K-Gruppen gar nicht zu bemerken schienen. Auf die entstandenen Bürgerinitiativen sei die Linke »erst in dem Maße, in dem sie ins Blickfeld der Öffentlichkeit gerieten«, aufmerksam geworden, stellte Hans-Jürgen Benedict im *Kursbuch 48* von 1977 fest. Und er schrieb weiter: »Wyhl – das war wahrhaftig keine Veranstaltung von Demonstrationstouristen, sondern Volksauflauf, Volksbewegung. Die Bürger [...] hatten sich nicht eingereiht, sondern selbst die Initiative ergriffen.«

Anstoß des Protests war der politische Beschluss, zur Deckung des ständig steigenden Energiebedarfs die Kernkraft massiv auszubauen. 1970 und 1971 wurden die Kernkraftwerke Breisach, Esenshamm, Neckarwestheim und Bonn geplant. Überall schlossen sich besorgte Anwohner zusammen und organisierten gigantische Protestaufmärsche, die im Fall des Atomkraftwerks in Fessenheim sogar beidseits des Rheins, also auch in Frankreich stattfanden. Zum größten und wirkungsvollsten Widerstand kam es im baden-württembergischen Wyhl. Als dort Ende Februar 1975 mit dem Bau des Kernkraftwerks begonnen werden sollte, besetzten Demonstranten – zu einem großen Teil Winzer, Bauern, Handwerker, Hausfrauen der Region – das Gelände, und es kam zu einer Demonstration mit 28 000 Teilnehmern. Weit weg von den alten Zentren der Neuen Linken entwickelte sich also eine neue Kultur des Protests und der Opposition, die mit der Zeit politisch immer kraftvoller wurde.

Doch bei allen Unterschieden schien es auch Parallelen zwischen der neuen Bürgerinitiativbewegung und der Protestbewegung der 68er zu geben: »Beide Bewegungen [...] kennzeichnet ein Lernprozess, in dem die existenziellen Fragen der Subjekte mit den objektiven Strukturen der Gesellschaft in Zusammenhang gebracht werden«, konstatierten Thomas Kuby und Christian Marzahn im selben *Kursbuch* von 1977. Beide Bewegungen seien »Aufklärungsbewegungen«, die »durch Denktabus geschützte Ideologien« durchbrechen und »die Gegeninformation selbst und in anderen Formen« präsentieren würden. »Zu den gemeinsamen Grundeinsichten von APO und Bürgerinitiativen gehört schließlich, dass man die Vertretung seiner Interessen nicht delegieren kann, sondern selbst wahrnehmen muss.«

Im Jahr 1976 wurde Rudi, der bis dahin auch nur nebenbei bemerkte, was in Wyhl vorging, eingeladen, dort zu sprechen. Obwohl ich ihn auf die Studie des Club of Rome zu den *Grenzen des Wachstums* aufmerksam gemacht hatte, war er doch völlig ahnungslos, was diese Menschen zum Protest trieb. Er bot seine ihm vertrauten Begriffe der Gesellschaftsanalyse an, die aber passten nicht mehr auf die Situation. Nach einem Vortrag in Freiburg kam einer zu ihm und sagte: »Du hast keine

Ahnung, was hier los ist. Dein Vortrag war nicht relevant für die Zuhörer. Sie konnten mit deiner Rede nichts anfangen.« Das traf Rudi schwer.

Einige Tage später rief er Walter Mossmann an, um ihm zu sagen, dass er einen Fehler gemacht habe und noch einmal nach Südbaden kommen wolle, um den Leuten erst mal einfach nur zuzuhören, um zu verstehen, worum es ihnen ging. Mossmann konnte es arrangieren, dass er für einige Tage bei ihm bleiben konnte. Das hier entstehende Protestpotenzial war eindeutig größer als das der alten APO, und Rudi begann, seine politische Theorie und Praxis zu überdenken und eine neue Strategie zu entwickeln.

Er begriff, dass die Antiatomkraftproteste letztlich zu nichts führen würden, wenn sie nicht mit den grundlegenden sozialen Fragen – national wie international – in Zusammenhang gebracht würden. Gleichzeitig musste sich die Neue Linke, sollte sozialer Wandel in größerem Maßstab in Deutschland möglich werden, den Menschen anschließen, die gegen Kernkraftwerke protestierten. Denn das Neue war ja, dass im südbadischen Winzerdorf Wyhl am Ende die protestierenden Weinbauern über die fortschrittsgläubige Planungstechnokratie triumphierten. Damit war eine ganz neue Front eröffnet mit Protagonisten, die Natur und Umwelt hießen und nicht mehr das Proletariat. Schlimmer noch: Die Industriegewerkschaften – wie die Sozialdemokraten – standen aufseiten der Atomlobby.

Dieser »Paradigmenwechsel« wollte erst einmal verdaut und verstanden werden. Mit der Gründung der Partei Die Grünen fand diese Zäsur in der gesellschaftlichen Entwicklung Ende

1979, Anfang 1980 ihren politisch-parlamentarischen Ausdruck. Bereits im Oktober 1979 war es der Bremer Grünen Liste als erster grüner Partei in einem Bundesland gelungen, über die Fünfprozenthürde zu kommen und in die Bürgerschaft einzuziehen. Rudi hatte zusammen mit anderen zuvor in der Aktion »Links für Grün« alle Linken dazu aufgerufen, gemeinsam die Grünen zu unterstützen. Er hatte die Geburtswehen der neuen Partei miterlebt und sich an den ebenso zähen wie schwierigen Diskussionen über deren Ausrichtung beteiligt. Auch hier bekämpften sich wieder verschiedenste Fraktionen, denn neben den Mitgliedern von Bürgerinitiativen, Naturschutz- und Umweltgruppen drängten auch jene Aktivisten kommunistischer Parteisekten zu den Grünen, die eben noch vor den Fabriktoren zum proletarischen Klassenkampf aufgerufen hatten. Doch trotz der chaotischen Anfangsphase war allen klar, dass hier etwas Historisches, Zukunftsträchtiges entstand.

Rudi konnte an diesem politischen Abenteuer nicht mehr teilnehmen.

Es war Heiligabend 1979. Ich bereitete eine Gans vor, stopfte sie mit Äpfeln, Sellerie, Gewürzen. Rudi ging ins Badezimmer. Als die Gans im Ofen lag, dachte ich, Rudi müsste nun eigentlich fertig sein. Ich öffnete die Tür zum Bad und sah, dass er leblos in der Wanne lag. Ich schrie, und im selben Augenblick zog ich ihn aus dem Wasser. Hosea versuchte, ihn wiederzubeleben. Vergeblich. Er war tot, ertrunken nach einem der inzwischen seltener gewordenen epileptischen Anfälle, Folge des Attentats gut zehn Jahre zuvor. Er wurde 39 Jahre alt. Zehn Jahre später hätte er den Fall der Berliner Mauer erlebt.

Epilog

Die drei Jahre zwischen 1966 und 1969 verliefen wie im Rausch, mal strahlend hell, mal im tiefsten Dunkel, euphorisch und verzweifelt, fast wie im Kino. Nur mit dem Unterschied, dass wir keine Zuschauer waren, sondern Akteure, mittendrin. Die Zeit hat uns geprägt, und wir haben die Zeit geprägt. Das gilt bis heute. Darauf können wir und all die Millionen Menschen in Deutschland, die etwas von dem damals Erreichten verstanden haben und ihr Leben frei, bewusst, auch kritisch gestalten und sich für Demokratie und Menschenrechte einsetzen, stolz sein, stolz auf dieses Land – Deutschland.

Wenn man sich Fotos, Filme oder Werbeclips aus den 60er-Jahren anschaut, wird der unglaubliche Zeitsprung deutlich. Schlagend der Werbefilm aus dem Jahr 1968 mit »Klementine«, die der staunenden Geschlechtsgenossin im Waschsalon erklärt, dass mit Ariel im Hauptwaschgang das »Einweichen« schon »drin« ist. Ein Fachgespräch unter Frauen, während die berufstätigen Männer, es sei denn, es handelte sich um alleinstehende »möblierte Herren«, sich schon auf den Feierabend freuen konnten, wenn die erwartungsfrohe Gattin im aprilfrischen Cocktailkleid das Leibgericht servierte: Königsberger Klopse.

50 Jahre später erscheint diese Welt wie eine Karikatur. Die schier grenzenlosen individuellen Freiheiten, die rasant ge-

wachsene gesellschaftliche – auch sexuelle – Vielfalt, die Möglichkeiten zu Protest und Einmischung: Ohne »68« wäre vieles davon nicht Wirklichkeit geworden. Ein Blick in andere Teile der Welt genügt. Es war der antiautoritäre Impuls, der diese »Kulturrevolution« in Gang gesetzt hat. Ein Freiheitsdrang, der nicht nur aus dem Kopf kam, sondern auch aus dem Bauch – ein Aus- und Aufbruch gleichermaßen, der überkommene Autoritäten dauerhaft erschütterte. Der Erfolg war so durchschlagend, dass heute bei einigen schon der Wunsch aufkommt, es möge doch wieder ein bisschen mehr Autorität geben.

Aber natürlich war die Revolte mehr als das. »Geschichte ist machbar« – das glaubte nicht nur Rudi. Ohne diesen Geschichtsoptimismus, der von der menschlichen Kraft der Vernunft überzeugt ist, gibt es keine Protestbewegung, die aufs Ganze geht. Doch sie muss auch klare Ziele haben, idealerweise solche, die irgendwie erreichbar scheinen. Die Parole vom Mai 68 »Seid realistisch – verlangt das Unmögliche!« war die wunderbar listige Poesie einer erträumten Revolution, die ihr Manko schon im Wortwörtlichen trug.

Noch 1979 schrieb der italienische Autor und Aktivist der Gruppe Il Manifesto, Guido Viale, ein Buch mit dem Titel *Die Träume liegen wieder auf der Straße*. Und es stimmt: Ohne überschießende Fantasie, sich andere, bessere, gerechtere Zustände vorzustellen, geht nichts voran. Der Charme der Revolte lag ja vor allem in ihrer ungestümen, mitreißenden Unverschämtheit, in der frechen juvenilen Provokation, nicht zuletzt in jenem fröhlichen unernsten Hedonismus, dessen Soundtrack vor allem die Rockmusik bildete.

Am Ende offenbarte sich, dass Fanatismus, Dogmatismus und Gewalt, die zum Fetisch eines fiktiven Widerstands gemacht werden, auch das Resultat unzureichender Selbstreflexion und mangelhafter Realitätswahrnehmung waren. Wer andere aufklären will, muss es auch bei sich selbst tun. Und das immer wieder von Neuem. Auch das ist eine Botschaft von 68.

Dieses Buch soll auch eine Provokation sein. Gerade auf der linken Seite des politischen Spektrums gibt es bis heute ein massives Tabu: »Stolz« sein auf Deutschland kommt für viele nach wie vor überhaupt nicht infrage. Der Hauptgrund ist die deutsche Nazivergangenheit. Dabei wird umgekehrt ein Schuh daraus: Gerade weil in den letzten 50 Jahren über Hitler, den Holocaust und die Deutschen so erbittert und ausdauernd diskutiert wurde, konnten diese Schrecken der Vergangenheit zum Ausgangspunkt einer umfassenden Demokratisierung der Gesellschaft werden. Eine Leistung, an der die 68er großen Anteil haben. Und darauf darf man selbstredend stolz sein. Erst der durch sie angestoßene Aufbruch in eine neue Zeit führte zu dem allmählichen Aufbau einer echten Demokratie im Nachkriegsdeutschland, die zu Beginn der 50er-Jahre in der Bevölkerung nur von einem verschwindend kleinen Anteil positive Unterstützung erfuhr.

Für das, was wir heute die antiautoritäre Kulturrevolution nennen, gab es stets einen Orientierungspunkt, auch wenn er den meisten Rebellen damals nicht bewusst war: die Vollendung jener Demokratisierung in allen Lebensbereichen, die mit der bürgerlichen Revolution von 1848 begonnen hatte, dann aber allzu rasch an den Machtverhältnissen scheiterte. Rudi selbst war fest davon überzeugt, dass 1968 die erfolgreiche Durchführung der 1848er-Revolution darstellte. Womit nicht gesagt sein soll, dass das Projekt der antiautoritären Bewegung in jeder Hinsicht vollendet wurde. Wir sind, gerade heute wieder, mit immensen Problemen konfrontiert – zu nennen sind nur Klima und Umwelt, wachsende Armut und Gewalt.

Ich glaube immer noch, dass es im Kapitalismus keine vollständige Demokratie geben kann. Die Kritik der 68er an dem globalen Wirtschaftssystem bleibt gültig, auch wenn das Ziel nach all den historischen Erfahrungen nicht mehr Sozialismus heißen muss. Auch Rudi hatte da zuweilen seine Zweifel: »Es ist eine Frage, ob wir das Konzept einer freien Gesellschaft benutzen sollten, um mit der Ambivalenz des Sozialismus zu brechen. Ich sehe das als eine Frage.«

Die Einsicht in die Begrenztheit menschlicher Möglichkeiten ist immer schmerzhaft, gerade wenn, wie in den 60er-Jahren, schier »alles« möglich scheint. Doch wenn es noch eine Lehre aus »68« gibt, dann ist es die Warnung vor einer Radikalisierung um ihrer selbst willen und der Verabsolutierung einer Moral, die zum Katechismus mutiert. Es führt in die Irre und bedroht die Freiheit, für die man zuvor gekämpft hat.

Aber lässt sich überhaupt aus der Geschichte lernen? Viele Historiker bezweifeln das. Geschichte, also Politik, die von handelnden Menschen in der Gegenwart für die Zukunft gemacht wird, ist kein Forschungsseminar zur Vergangenheitsbewältigung. Denn selbst wenn einige alte Fehler vermieden werden könnten, würde man neue machen. Wer handelt, macht Fehler, und was könnte auch die Erfahrung linker Intellektueller mit kaisertreuen Reaktionären in der Weimarer Republik bei der Bekämpfung von Fluchtursachen in Afrika und der weltweiten Klimaerwärmung helfen? Dazu kommt: Das Gedächtnis der Menschen ist kurz.

Je älter man wird, desto plausibler wird jene kluge Bemerkung, der zufolge das Leben nach vorne gelebt und von hinten her verstanden wird. So bleibt die Erkenntnis, dass es letztlich Leitmotive und ja *Tugenden* sind, die zeitlose Gültigkeit beanspruchen dürfen – an erster Stelle der Mut, sich seines eigenen Verstandes zu bedienen. Ohne jene Courage des entschlossenen Handelns aber und eine Methode, die erlaubt, Motive und Richtung der gesellschaftlichen Entwicklung zu verstehen, schafft es der Verstand nicht in die Welt. Diesen Versuch aber muss jede Generation auf je eigene Weise unternehmen – unter jeweils ganz verschiedenen gesellschaftlichen Bedingungen.

Die APO-Omas und -Opas haben es jedenfalls auf ihre gewiss sehr exzentrische und zuweilen exzessive Art getan. Und auch, wenn ich mir keinesfalls die berühmte Liedzeile aus dem Jahr 1525 zu eigen machen möchte, in der es nach der verlorenen Schlacht eines aufständischen fränkischen Bauernheeres hieß: »Geschlagen ziehen wir nach Haus, die Enkel fechten's besser aus«, sage ich frei heraus: Jetzt sind die Jungen dran!

Die historische Entwicklung der gesellschaftlichen Freiheiten, von Demokratie und Gerechtigkeit zwischen 1525 und 2018 belegt eindrucksvoll, wie erfolgreich Enkelgenerationen sein können, wenn sie nur wollen.

Die Revolte vor 50 Jahren hat ihren Teil dazu beigetragen.

Literaturhinweise

Neben schriftlichen Aufzeichnungen, persönlichen Erinnerungen und Gesprächsnotizen wurden die folgenden Werke beim Verfassen des vorliegenden Buches benutzt, aus denen auch zitiert wurde:

Aust, Stefan: *Der Baader-Meinhof-Komplex.* Hamburg 2017

Benedict, Hans-Jürgen: »Bürger, Linke und Gewalt. Ein subjektives Plädoyer für einen radikalen Pazifismus der Bürgerinitiativen«, in: *Kursbuch 48. Zehn Jahre später*, Berlin 1977

Baumann, Bommi: *Wie alles anfing.* Frankfurt am Main 1977

Cohn-Bendit, Daniel; Dammann, Rüdiger (Hrsg.): *1968. Die Revolte.* Frankfurt am Main 2007

Dutschke, Gretchen: *Wir hatten ein barbarisches, schönes Leben. Rudi Dutschke. Eine Biographie.* Köln 1996

Dutschke, Rudi; Zahl, Peter-Paul: *Mut und Wut – Briefwechsel 1978/79.* Bearbeitet von Gretchen Dutschke, Christoph Ludszuweit und Peter-Paul Zahl. Berlin 2015

Enzensberger, Hans Magnus: *Tumult.* Berlin 2014

Enzensberger, Ulrich: *Die Jahre der Kommune 1. Berlin 1967–1969.* Köln 2004

Kraushaar, Wolfgang: *Die Bombe im Jüdischen Gemeindehaus.* Hamburg 2005

Kuby, Thomas; Marzahn, Christian: »Lernen in Bürgerinitiativen gegen Atomanlagen«, in: *Kursbuch 48. Zehn Jahre danach*, Berlin 1977

Mohr, Reinhard: *Der diskrete Charme der Rebellion. Ein Leben mit den 68ern*. Berlin 2008

Mohr, Reinhard: *1968. Die letzte Revolution, die noch nichts vom Ozonloch wusste*. Berlin 1988

Reichardt, Sven: *Authentizität und Gemeinschaft. Linksalternatives Leben in den siebziger und frühen achtziger Jahren*. Berlin 2014

Scharrer, Manfred: »Auf der Suche nach der revolutionären Arbeiterpartei. Eine Momentaufnahme«, in: Ästhetik und Kommunikation 140/141 (2008), S. 35–56

Schneider, Peter: *Rebellion und Wahn. Mein '68*. Köln 2008

Wolff, Frank; Windaus, Eberhard (Hrsg.): *Studentenbewegung 67–69*. Frankfurt am Main 1977

Dank

Mein Dank geht an meinen Agenten Günter Berg, der sich mit großer Entschiedenheit für das Erscheinen dieses Buches eingesetzt hat. Dank auch an Reinhard Mohr, ohne dessen Wissen, Kenntnisse und tatkräftige Unterstützung das Buch so nie zustande gekommen wäre. Ich danke außerdem Heide Sommer, die meinen ersten Schritt hin zu einer neuerlichen Veröffentlichung überhaupt erst möglich machte, sowie Tor, Veronika, Christoph und Cornelia, die mir zu jeder Zeit ihre Hilfe anboten und mich immer wieder aufs Neue ermutigten, weiterzumachen.

Dank an alle, die dieses Buch möglich gemacht haben.

Dieses Buch wurde klimaneutral produziert.

Bibliografische Information der Deutschen Nationalbibliothek
Die Deutsche Nationalbibliothek verzeichnet diese Publikation in
der Deutschen Nationalbibliografie; detaillierte bibliografische
Daten sind im Internet über http://dnb.d-nb.de abrufbar.

Copyright © 2018 Kursbuch Kulturstiftung gGmbH, Hamburg
Titelbild: © ullsteinbild – dpa
Bildmaterial: Privatbesitz Gretchen Dutschke

kursbuch.edition
Herausgeber: Peter Felixberger, Sven Murmann, Armin Nassehi
Lektorat: Evelin Schultheiß, Kirchwalsede
Druck und Bindung: CPI books GmbH, Leck
Printed in Germany

ISBN 978-3-96196-006-4

Besuchen Sie uns im Internet: www.kursbuch.online.de
Ihre Meinung zu diesem Buch interessiert uns!
Zuschriften bitte an kursbuch@kursbuch.online

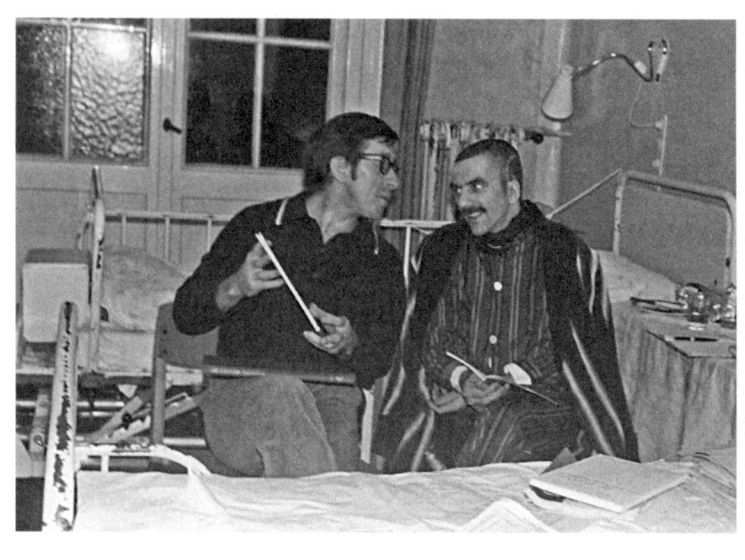

Rudi und sein Freund Thomas Ehleiter
im Krankenhaus, Frühjahr 1968

Mit Thomas Ehleiter
im Garten der Villa Henze, Marino 1968

Mit Hosea vor der Londoner Wohnung,
Dezember 1968

Irland 1969

Ernst Bloch und seine Frau Karola
beim Besuch in Dänemark, Sommer 1971

Clausthal 1975

Die Familie, Aarhus 1976